Oscar Enrique Correa Miranda

Processamento de dados.

Oscar Enrique Correa Miranda

Processamento de dados.

Software livre

ScienciaScripts

Imprint

Any brand names and product names mentioned in this book are subject to trademark, brand or patent protection and are trademarks or registered trademarks of their respective holders. The use of brand names, product names, common names, trade names, product descriptions etc. even without a particular marking in this work is in no way to be construed to mean that such names may be regarded as unrestricted in respect of trademark and brand protection legislation and could thus be used by anyone.

Cover image: www.ingimage.com

This book is a translation from the original published under ISBN 978-613-9-41192-4.

Publisher:
Sciencia Scripts
is a trademark of
Dodo Books Indian Ocean Ltd. and OmniScriptum S.R.L publishing group

120 High Road, East Finchley, London, N2 9ED, United Kingdom
Str. Armeneasca 28/1, office 1, Chisinau MD-2012, Republic of Moldova, Europe
Printed at: see last page
ISBN: 978-620-8-04997-3

Copyright © Oscar Enrique Correa Miranda
Copyright © 2024 Dodo Books Indian Ocean Ltd. and OmniScriptum S.R.L publishing group

Índice

O processamento de dados é hoje em dia um elemento fundamental da vida quotidiana, especialmente nas universidades, onde se pode constatar que as actividades principais têm de ser sustentadas pelo sucesso, progresso e bem-estar de todos os membros da comunidade universitária.

Neste sentido, é necessário mencionar, por exemplo, a importância da unidade de controlo de estudos em cada universidade, que na maioria dos casos será responsável por receber as inscrições da maioria dos estudantes que desejam estudar uma unidade curricular específica, é necessário realizar inquéritos para fazer uma previsão do número de vagas que serão necessárias em cada unidade curricular e, portanto, o número de professores que serão necessários para ensinar essas áreas de conhecimento.

É necessário salientar que em todas as instituições é essencial demonstrar com factos a ética e os valores prevalecentes, neste sentido a responsabilidade nas operações que são realizadas e a atenção ao público desempenham um papel fundamental, uma vez que existem sempre os chamados rumores de corredor onde se expressa informalmente o que realmente se passa em cada organização.

Na experiência de ensino, é necessário salientar que a relação entre o professor e o departamento de controlo de estudos é marcante, na medida em que as inscrições dos participantes são devidamente processadas e que isso se reflecte nas actas onde constam os nomes e dados inerentes a cada membro da unidade curricular, terá um papel fundamental para que o professor tenha regras claras desde o início na sala de aula, Isto significa que é essencial que todos os professores tenham nas suas mãos, no início das actividades dos alunos, todos aqueles que estão efetivamente inscritos e que não têm problemas prioritários em relação aos estudos formais que têm de ser realizados.

Neste sentido, há que referir a importância da relação entre o cliente interno que trabalha no controlo de estudos e o cliente externo, que neste caso seria representado pelos estudantes, que obviamente gerem uma espécie de indicador informal centrado na qualidade do serviço. Neste sentido, é necessário realçar que se o estudante sente que foi adequadamente atendido e que conseguiu inscrever-se no tempo previsto para um determinado semestre do seu curso, isso é obviamente algo que estará na sua zona de conforto e talvez não seja algo que assinale como importante, No entanto, quando se verifica que existe uma falha no processamento desta informação, seja porque o aluno não foi informado atempadamente, seja porque a inscrição formal simplesmente não foi efectuada, então, obviamente, de uma forma informal ou formal, existe uma perspetiva centrada na desmotivação ou num mau sentimento de ter sido atendido de uma forma ineficaz.

Por conseguinte, é necessário salientar que a gestão da informação em qualquer organização é fundamental, tendo em conta que o tempo desempenha um papel valioso na realização das actividades, a fim de poder informar as partes relacionadas, quer o cliente interno, representado por aqueles que prestam o serviço na instituição, quer o cliente externo, que neste caso são todos os estudantes que necessitam de realizar as suas actividades académicas no tempo que desejaram nas suas vidas.

Em todos estes processos acima mencionados, a atividade tecnológica que foi incorporada desempenha um papel fundamental, é necessário ter processadores e computadores que permitam, no início, manter um registo do número de participantes que desejam inscrever-se num determinado semestre, obviamente que tudo isto deve ser armazenado numa base de dados que deve ter uma cópia de segurança para garantir que, no final, o professor possa ter o boletim de notas baseado numa inscrição efectiva dos alunos.

Pode então constatar-se que o processamento de dados, a capacidade de armazenamento, o backup de informações e a entrega atempada de informações às partes interessadas desempenham um papel fundamental nas instituições actuais.

À partida, é possível contar com os dados disponíveis que podem constituir a intenção de um participante orientado para a inscrição numa unidade curricular específica, tendo em conta as condições de prioridade relevantes, o que garante que cada pessoa que estuda na universidade pode contar com uma continuação dos seus estudos em que a lógica do conhecimento é assimilada de forma eficiente, do ponto de vista cognitivo e cognitivo do participante.

Em suma, verifica-se que a capacidade de resposta de uma instituição estará ligada à tecnologia disponível e à vontade das pessoas de a utilizarem eficazmente. O tratamento de dados numa instituição, numa perspetiva de qualidade total, garantirá definitivamente a melhoria contínua dos processos.

Neste sentido, podem ser realizadas inspecções para verificar o nível de cumprimento de um objetivo numa determinada data, fazendo as correcções necessárias no caso de observar qualquer tipo de limitação ou falha que esteja presente e, obviamente, no caso de detetar em qualquer processo que o objetivo está a ser alcançado, o entusiasmo e uma vontade bem focada devem ser mantidos para continuar a obter resultados positivos ao longo do tempo, entendendo perfeitamente que novas ideias podem ser integradas em todos os momentos para melhorar o que já foi desenvolvido em tempo útil.

Fonte: Correa O, 2024. Processamento de dados.

É necessário compreender a importância da recolha de dados em qualquer organização, o que se reflecte em algo tão simples como a aula inicial de qualquer unidade curricular em que existe um protocolo de sala de aula, que convida os participantes a conhecerem-se, a chamada apresentação individual, que é uma forma de entrevista breve mas que vai permitir ao grupo e sobretudo ao dinamizador da unidade curricular perceber os interesses e motivações de cada participante de forma a orientar eficazmente os conhecimentos que se pretende transmitir ao longo do semestre da aula.

Agora, uma vez concluída esta apresentação inicial, é dado a conhecer o contrato de aprendizagem, que representa a possibilidade de o aluno conhecer as actividades que vão ser realizadas, as estratégias e a data em que todas estas avaliações devem ser entregues. Isto permitir-lhe-á gerar uma espécie de confiança nas actividades porque as regras são claras, mas também permite ao participante manter um controlo efetivo de quantas actividades conseguiu realizar até uma determinada data, para perceber o que deve enfatizar ou que aspectos deve melhorar.

Na prática pedagógica, é necessário indicar a importância de recordar as actividades a realizar durante a unidade curricular, para o que a apresentação dos trabalhos num blogue ou numa página Web pode desempenhar um papel fundamental, de modo a que o aluno tenha clareza sobre tudo o que deve realizar e compreenda que existe uma lógica que relaciona os conteúdos com um objetivo final.

Neste cenário, é necessário realçar a importância dos processadores nos dias de hoje, uma vez que a maioria dos participantes utiliza os seus smartphones para aceder aos conteúdos multimédia ensinados em cada aula na universidade. Há casos de professores que até estão a estudar a nível de doutoramento que utilizam os seus smartphones para escrever os diferentes trabalhos que tiveram de realizar em algum momento.

Quando se faz referência ao nível de doutoramento, as aulas virtuais são normalmente executadas sob a modalidade de implementação de scripts ou programas online, como o Moodle ou o Google classroom, que permitem ao facilitador estabelecer claramente as unidades a cumprir e aos participantes, neste caso os doutorandos, a obrigação e o dever de cumprir cada uma dessas tarefas para se qualificarem para um grau académico de nível de doutoramento.

Na maioria dos casos, utilizam normalmente processadores de oito núcleos com 3 GB de RAM para um desempenho eficiente na redação de textos, apresentações e cálculos.

Por outro lado, há quem prefira utilizar a forma tradicional do computador de secretária, que hoje em dia pode ser, em média, um computador i5 com quatro núcleos físicos, um computador de sexta geração no qual se pode trabalhar com vários programas informáticos para processamento de dados e ligação à Internet, como os browsers.

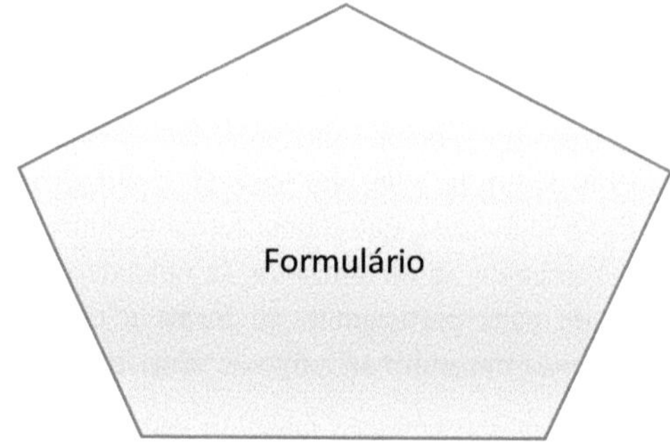

Fonte: Correa O, 2024. Forma.

Quando se fala em processamento de dados é necessário entender que este tem uma estrutura normalmente estabelecida através do hardware, que definitivamente ganha vida ou utilidade quando nele é instalado um programa normalmente conhecido como software. Neste ponto, hoje em dia também se faz referência a equipamentos tecnológicos que possuem oito processadores, que estão representados nos computadores i7 de nona geração normalmente utilizados para jogos de alta gama.

Definitivamente, ao lecionar uma unidade curricular ligada ao processamento de dados, é totalmente válido gerar formulários que possam ser programados em computadores i7, o que permitirá organizar e apresentar os dados de uma forma adequada. Neste sentido, é necessário indicar que hoje em dia é possível ligar a tecnologia HTML CSS ao JavaScript, para gerar ambientes dinâmicos que permitam aos alunos aceder a um programa para introduzir os seus dados ou simplesmente para expressar a sua vontade de se inscrever numa determinada unidade curricular.

No caso das redes sociais, elas são definitivamente exemplos maravilhosos de processamento de dados eficaz a nível global. Tentar construir uma rede social neste momento é uma viagem maravilhosa, mas do ponto de vista da programação informática com linguagens de alto nível, hoje em dia, torna-se uma oportunidade para adquirir novos conhecimentos de programação aos já existentes.

Para tentar um feito de tal magnitude como o de poder criar uma rede social a partir de casa com um impacto global, é definitivamente necessário começar com uma fonte de alimentação fundamental que garanta a sua utilização 24 horas por dia, tanto ao nível da programação como ao nível do cliente externo, que neste caso é representado pelos utilizadores.

Neste sentido, é necessário falar do back end, que garantira a infraestrutura e os dados necessários para tornar realidade um projeto tão importante como uma rede social. Para isso, a programação de um servidor dedicado 24 horas por dia é um elemento fundamental, que deve ser apoiado por uma fonte de energia, de preferência renovável, e neste sentido existem alternativas como os moinhos de vento, que estão a ser muito utilizados atualmente.

Mas definitivamente um dos grandes desafios neste momento é gerar esses processos de sustentabilidade nos sistemas que se pretende apresentar a nível global, para isso a iniciativa do desenvolvimento de uma bobina de tesla que sustente os processos computacionais vem a ser uma ideia verdadeiramente brilhante que representa um percurso bastante importante mas que vale mesmo a pena tentar.

É necessário recordar que grandes cientistas como Nikola Tesla, que no seu tempo tiveram a visão de um mundo integrado que podia ser sustentado por energia livre e que hoje faz sentido tentar dar sustentabilidade a processos isolados em servidores que permitem o acesso a clientes de todo o mundo e que podem usufruir de um serviço ótimo e estável, graças a essa visão de poder gerar processos educativos que sejam auto-sustentáveis, onde a geração de energia possa ser integrada com infra-estruturas tecnológicas baseadas em servidores com ligação à Internet e sistemas Wi-Fi, a fim de gerar resultados óptimos para os utilizadores a nível global.

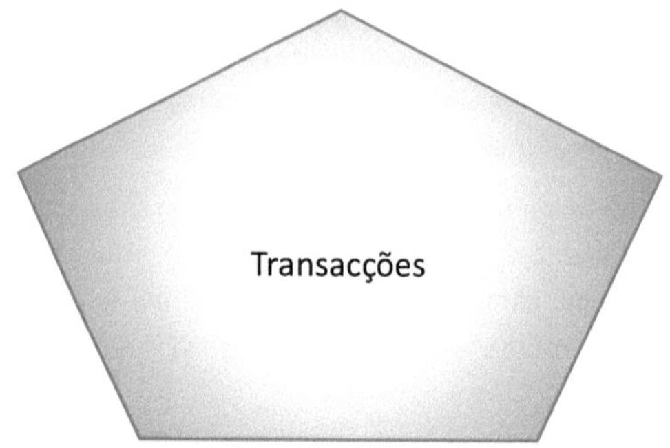

Fonte: Correa O, 2024. Transacções.

Hoje em dia é maravilhoso observar como muitas redes sociais podem integrar processos à escala global através das chamadas hiperligações, que por sua vez podem estar ligadas a processos financeiros. É de notar que nas redes sociais a incorporação dos chamados cartões de pagamento virtuais é uma modalidade que representa atualmente uma vantagem competitiva global para a maioria das pessoas.

Cada vez mais pessoas querem fazer negócios a partir de casa e, para isso, recorrem às chamadas transacções financeiras virtuais, que incorporam cada vez mais novos sistemas de segurança e verificação para proporcionar aos clientes a maior segurança e satisfação possíveis.

Do ponto de vista do desenvolvimento de projectos que integram redes sociais que se ligam a sistemas financeiros a nível global, representam um desafio bastante interessante de enfrentar a nível de programação, para o qual existem atualmente tecnologias como os chamados processadores i9, que podem ter até 18 núcleos incorporados, de forma a garantir o multiprocessamento tão necessário hoje em dia para gerar um resultado ótimo para todas as partes.

Fonte: Correa O, 2024. Transacções financeiras.

Hoje em dia é importante entender que quando se fala em processamento de dados existem placas aceleradoras de vídeo também conhecidas como GPUs, as unidades de processamento gráfico vêm para facilitar a oportunidade de trabalhar com programas de desenho como o AutoCAD, que podem gerar modelos que são úteis para processos mecânicos, por exemplo. Neste tipo de sistema, os veículos ou protótipos de robôs podem ser facilmente desenhados para realizar uma atividade prática na vida real, e muitas vezes a parte do design pode ser combinada localmente no computador, dependendo do marketing que pode ser ligado à Internet para representar certas actividades que estão ligadas ao sector automóvel ou ao desenvolvimento de robôs para empresas de produção.

Obviamente, a conceção destes gráficos exige frequentemente capacidades superiores às de um processador tradicional que se encarrega da gestão geral do computador. Estes processadores têm vindo a evoluir desde o século passado até aos dias de hoje e, atualmente, prevê-se que possam ter mais de 18 núcleos integrados para gerar uma potência verdadeiramente significativa.

Mas obviamente que há alturas em que é necessário dedicar recursos informáticos especialmente na área do design ou da geração de gráficos, nessa altura irão intervir as placas GPU que podem estar focadas em melhorar o desempenho de um programa em termos de velocidade e definição de imagens, no caso da geração de designs de carros ou robôs, pode ser necessário utilizar e implementar este tipo de placa para melhorar não só o desempenho do programa que está a ser utilizado para o design mas também para obter resultados finais que sejam óptimos.

É preciso entender que o campo de atuação das GPUs é extremamente amplo hoje em dia, elas podem contribuir significativamente para o desenvolvimento de atividades voltadas para a inteligência artificial. Nesse sentido, quando nos referimos a transações financeiras, hoje em dia podemos observar a incorporação de sistemas de inteligência artificial a sistemas web ou sites da internet, nesse sentido podemos encontrar os chamados robôs virtuais que são assistentes que trazem uma série de respostas pré-definidas e podem interagir em tempo real com as pessoas que acessam os sistemas tecnológicos pertencentes aos bancos online.

Obviamente, a nível financeiro, hoje em dia é necessário responder em tempo real a múltiplos utilizadores, que acedem à banca online 24 horas por dia para realizar diversas transacções em tempo real. Neste sentido, falar de qualidade na prestação de serviços a partir da Internet, significa não só ter em consideração robôs ou Android que possam interagir com os utilizadores, mas também transacções que permitam aos subscritores de contas bancárias sentirem-se fiáveis em tempo real.

Hoje em dia, todos os clientes bancários compreendem a necessidade imperativa de efetuar transacções online, incluindo o pagamento de serviços, transferências electrónicas, receção de dinheiro e pedido de certificados, entre outros.

Neste sentido, é necessário compreender que muitos destes sistemas estão atualmente alojados em servidores que trabalham com a nuvem, para poderem armazenar de forma fiável grandes quantidades de informação. Nesse sentido, a incorporação de uma placa GPU, superior a 1750 MHz, com uma largura de banda de 448 GB/s, pode representar a possibilidade de dar maior funcionalidade à relação cliente-servidor, tendo em conta uma velocidade de transmissão da Internet que é atualmente bastante aceitável para as necessidades dos clientes da banca online.

Fonte: Correa O, 2024. Carregamento de dados.

Hoje em dia, a utilização de placas GPU, também conhecidas como unidades de processamento gráfico, que integram milhares ou milhões de transístores, é altamente recomendada para a realização de uma atividade relacionada com o desenvolvimento das tecnologias da informação.

É necessário indicar, neste sentido, que existem portais de Internet que dispõem de servidores que armazenam a sua informação na nuvem, o que equivale praticamente a uma capacidade de armazenamento quase infinita, o que tem a vantagem de milhares ou milhões de assinantes poderem ligar-se simultaneamente para conseguir uma maravilhosa interação em linha, que atualmente se centra na geração em linha de imagens ou vídeos que podem ser armazenados e descarregados nestes servidores.

Neste sentido, pode observar-se que a capacidade de armazenamento a nível global aumentou, o que teve como consequência que nos sítios da Internet que contêm estes servidores como base fundamental para o armazenamento praticamente limitado de informação, é possível conseguir uma interação entre pessoas a nível global que chega ao ponto de formar diferentes tópicos de interesse no campo da tecnologia da informação.

É necessário destacar que neste tipo de servidores podem ser incorporadas as placas GPU, que podem aproveitar ao máximo a capacidade de transmissão da internet, para que os utilizadores possam criar rapidamente as suas imagens ou vídeos para melhorar a ligação à internet, mas também a velocidade de processamento das actividades que estão a decorrer online.

E vemos atualmente que muitos destes servidores estão ligados a outras redes sociais através dos chamados links e hiperlinks, para gerar processos de interação que geram verdadeiramente uma motivação transcendental nas diferentes áreas da vida, seja na medicina, na educação ou simplesmente nos jogos de vídeo.

A maioria das plataformas de inteligência artificial pode integrar a potência das placas GPU nos seus servidores para obter a capacidade de processamento necessária para gerar os novos diálogos interactivos, imagens ou vídeos exigidos pelos utilizadores de todo o mundo nestas plataformas.

É preciso imaginar, neste momento, o potencial da visão integrada da Internet, onde se fala de pesquisas electrónicas reutilizadas, que se baseiam na caraterística fundamental da aprendizagem contínua e melhorada.

É necessário sublinhar que muitas destas plataformas que integram seguramente estas placas de processamento de vídeo e de Internet, chamadas GPU, permitem que os programas gerem um processo tão fundamental como a aprendizagem que é gerada pela interação com um utilizador específico, que obviamente na maioria dos casos deve iniciar sessão com um e-mail.

Há mais de 40 anos que se fala da aplicação da inteligência artificial, que poderia gerar uma espécie de controlo descontrolado assim que se tornasse autoconsciente e se organizasse para manter o controlo sobre todos os processos do planeta Terra.

Bem, o que há décadas atrás era pura ficção científica, é agora para muitos cientistas um tema de debate muito interessante, que tem obviamente um impacto importante no desenvolvimento da segurança pública.

Hoje em dia, por exemplo, fala-se do desenvolvimento de robôs vocacionados para a segurança pública, que certamente através de um sistema de ligação Wi-Fi lhes permite uma interação real com os processos que devem ser realizados para manter uma segurança eficaz para todos os cidadãos de uma determinada cidade.

Nesse sentido, para além do debate científico ou do medo que tem sido apresentado em filmes de ficção científica, é de notar que este tipo de sistemas já tem incorporado o reconhecimento facial, o que lhes pode permitir interagir eficazmente com o utilizador que está a tentar aceder ou ligar-se ao sistema.

Obviamente, é necessário dizer que está atualmente em curso um processo de aquecimento global no planeta Terra, que tem vindo a aumentar gradualmente desde a chamada Revolução Industrial, em que os processos industriais foram automatizados, esquecendo muitas vezes as consequências ambientais iminentes.

Mas para além disso, quando falamos de ambiente temos de fazer referência ao facto de estarem envolvidos múltiplos factores, os processos de desflorestação à escala global também vieram infelizmente marcar uma situação em que não se permite que o planeta terra se regenere como deveria, neste cenário que está a ser desenvolvido, hipoteticamente estes sistemas de inteligência artificial através da utilização de andróides poderiam ser capazes de realizar actividades em ambientes ou climas que podem exceder o que é aceitável a nível biológico, Assim, para além do receio da utilização ou do desenvolvimento da auto-consciência em sistemas de inteligência artificial, devemos pensar na oportunidade que temos neste momento de começar a implementar esses sistemas em áreas onde queremos fazer investigação, como nas profundezas do mar, em montanhas muito altas ou em áreas verdadeiramente inacessíveis devido ao seu clima.

Com base em todos estes argumentos então é necessário dizer que devemos dar as boas vindas a todos estes sistemas que juntamente com as placas GPU, que inicialmente eram utilizadas para tudo o que estava relacionado com o desenvolvimento de gráficos e videojogos, hoje em dia foi expandido para ser utilizado ao nível de sistemas de inteligência artificial que têm como caraterística fundamental não só a sua interação com o utilizador com a pessoa que faz uma pergunta ou preocupação, mas também tem a capacidade de aprender com base nas perguntas e respostas que simultaneamente é gerada pelo sistema numa questão de segundos.

Fonte: Correa O, 2024. Base de dados.

No domínio do armazenamento de informações, é necessário revelar que as placas GPU irão interagir com os servidores em nuvem. Na maioria dos casos, esses sítios Web que se dedicam à prestação de serviços centrados no desenvolvimento da inteligência artificial permitem que o utilizador tenha uma conta através do seu correio eletrónico.

Isto tem uma vantagem significativa, uma vez que, à medida que são gerados resultados de pesquisa ou simplesmente gerando novas imagens ou vídeos, pode ser mantido um histórico das actividades realizadas. É importante salientar a importância dos chamados prompts, que são instruções que podem ser facilmente reconhecidas pelos sistemas de inteligência artificial.

Existem prompts simples que podem ser instruções que se destinam à geração de uma imagem que é feita a partir da perspetiva da inteligência artificial, normalmente este procedimento é caracterizado no início na busca de imagens que têm a ver com o que o usuário quer, uma vez encontrado ele passa a dar um resultado que é transformado pela visão interna onde, obviamente, a velocidade da placa GPU irá gerar um papel fundamental para obter um resultado ideal em termos de definição da imagem e apresentação geral dos detalhes que são desejados no formato final.

É de notar que a maior parte dos sítios Web que prestam este tipo de serviços dispõem de placas GPU, que oferecem um desempenho muito bom para um produto final bastante aceitável.

Agora, é necessário compreender que o utilizador que está a interagir com estes servidores que se baseiam em tecnologia de ponta, não tem necessariamente de ter uma placa GPU, mas se estiver a interagir a partir de um computador que tenha um processador Gigahertz, sentirá obviamente que não está a obter os resultados que pretende no tempo desejado.

Nesta altura, é aconselhável, na perspetiva do utilizador, interagir pelo menos com um sistema que tenha um processador quad-core, acima de 2 GHz, para que a perspetiva e a utilização do utilizador sejam óptimas e os resultados sejam obtidos num tempo naturalmente aceitável.

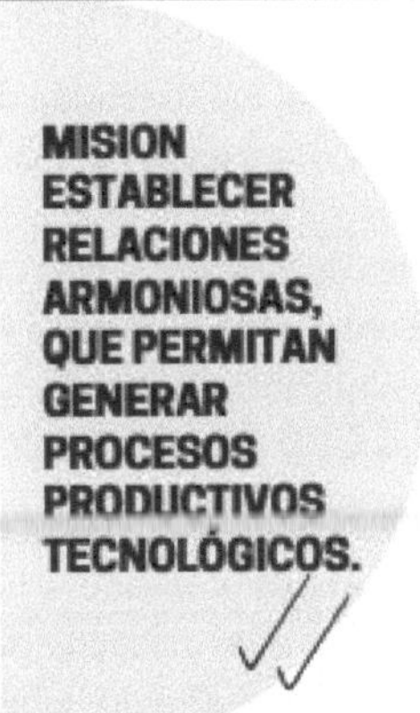

Fonte: Correa O, 2024. Missão.

É necessário indicar que em função de um tipo de processamento de dados a utilização de uma placa GPU, num computador torna-se fundamental, já que há casos em que se deseja gerar diálogos com imagens em movimento que muitas vezes sincronizam as palavras com os gestos, obviamente tudo isto chegou ao ponto de parecer ter tanto realismo que muitas redes sociais já incluem nas suas políticas de utilização que todas as pessoas que vão carregar algum tipo de vídeo que esteja relacionado ou sustentado na inteligência artificial de preferência este é indicado como sendo criado pela inteligência artificial.

Neste sentido, existem vozes sintéticas que podem ser incorporadas numa imagem que, por respeitar a ética e os valores e estar em função do apoio à educação, pode ser muito bem vista pela maioria das redes sociais, a ponto de não só ser aceite do ponto de vista da monetização ou da possibilidade de gerar dinheiro com este conteúdo audiovisual, mas também, em muitos casos, receber uma aceitação transcendental por parte dos utilizadores gerais das redes sociais.

Hoje em dia, os avatares podem obviamente gerar personagens chamadas avatares, que podem expressar gestos e movimentos de acordo com um conteúdo que normalmente com uma voz sintetizada pode ser gerado para criar um impacto audiovisual em torno de um tema específico.

No caso da geração de avatares com movimento, requer obviamente a incorporação de placas GPU num computador e programas que, quando instalados, podem ser executados por um utilizador que deve seguir instruções, nalguns casos de programação e noutros simplesmente de desenho orientado para objectos. No caso do processamento de dados, existem atualmente programas que, quando incorporados no computador, permitem a geração de desenhos que funcionam em realidade virtual e mista.

No caso do processamento de dados, faz muito sentido dar aulas sob estes esquemas de tecnologia mista, por exemplo, se estiver a tentar explicar as caraterísticas de uma GPU, que muitas vezes incorpora milhares ou milhões de transístores, pode inicialmente mostrar o dispositivo físico através da webcam ligada ao computador. Posteriormente, pode trabalhar-se a nível digital com a possibilidade de realçar a textura ou os desenhos necessários para explicar as possibilidades de adaptação e melhoria dos processos de inteligência artificial que as placas GPU possuem atualmente.

Nesse sentido, ao gerar um processo de aprendizagem em torno do processamento de dados, a câmara pode ser incorporada para mostrar a placa GPU, enquanto no design interno do programa podem ser colocadas imagens ou texturas que rodam em três dimensões para explicar em diferentes perspectivas, tanto virtuais como reais, como um processo pode influenciar, neste caso, a melhoria do desempenho e do produto final do que se pretende alcançar.

É de notar que, numa aula de introdução ao processamento de dados, embora seja verdade que os conceitos tradicionais de informática são fundamentais, é também necessário salientar que a maioria dos alunos tem preferência pela utilização da tecnologia dos sistemas celulares inteligentes.

Nesta fase, o mediador de conhecimentos deve tentar entrar no desenvolvimento de aplicações que possam ser do interesse dos participantes, utilizando a inteligência artificial com imagens apelativas e actuais.

Definitivamente, quando nos referimos a uma aula centrada no processamento de dados, utilizando também a realidade virtual e mista, por exemplo, a câmara pode centrar-se no que é um telefone e nos programas de edição de texto que possuem, enquanto no ambiente de realidade virtual as vantagens de utilizar este tipo de tecnologia e de telefonia podem ser explicadas em termos de redação de um texto ou de um projeto especial de licenciatura.

Quando se dá uma aula de processamento de dados com recurso à realidade virtual e mista, que é tradicionalmente trabalhada a partir de um computador com um processador quad-core, pode muitas vezes parecer ao aluno que está distante ou que a tecnologia é simplesmente inatingível.

E não é que esteja fora de alcance, mas simplesmente porque a maioria dos jovens de hoje está preferencialmente ligada ou relacionada com a tecnologia dos smartphones, que são muito rápidos e muito seguros de utilizar. Assim, a sua preferência e aceitabilidade é tradicionalmente maior do que a de um computador que conhecemos desde o século XX.

Em alguns casos, o aprendente sente-se limitado quando vê o facilitador a utilizar um computador, especialmente se não tiver um dispositivo deste tipo em casa. No entanto, é necessário salientar que muitos destes programas informáticos foram actualizados e melhorados para a tecnologia dos smartphones e estão disponíveis na loja de aplicações que podem ser descarregadas a partir de sistemas Android ou iOS.

Neste ponto, cabe ao facilitador da unidade curricular de introdução ao processamento de dados gerar essa interação positiva com o participante, que deve ser inicialmente informativa, e deve ser entendido que o participante pode estar mais virado para a telefonia inteligente, mas isso não significa que não possa apropriar-se da conceção e criação de novos programas ou software com a utilização do seu telefone, utilizando simplesmente as ferramentas de edição de tecnologia virtual e mista que estão disponíveis nas aplicações que podem ser descarregadas e instaladas nos telefones da maioria das pessoas.

Os jovens podem definitivamente apresentar uma vocação muito elevada para unidades curriculares ligadas ao processamento de dados, obviamente sabem o que representa um conteúdo útil e atual, uma vez que a Internet e as redes sociais estão constantemente a informar sobre cursos ou programas relevantes no domínio da Inteligência Artificial.

Existem programas ou aplicações tradicionais, como o WhatsApp, que deveriam ser uma parte fundamental de uma aula de introdução ao tratamento de dados, uma vez que a maioria dos alunos, por razões familiares ou de amizade, tem uma aplicação deste tipo no seu telemóvel.

Neste ponto é preciso entender a importância da criação de grupos nas redes sociais para integrar os participantes, sendo necessário destacar que o facilitador hoje tem que ter um foco e uma vocação quase que diária em torno de aprender novas abordagens e conhecimentos que surgem na área tecnológica.

Em alguns casos, os alunos referem-se a sistemas de Inteligência Artificial em linha, que têm competência direta no domínio do processamento de dados, uma vez que permitem a edição em linha de texto ou imagens e podem ser descarregados para o computador ou telemóvel.

Neste sentido, é aconselhável que o facilitador da unidade curricular de processamento de dados tenha uma abordagem aberta a novos paradigmas ou sítios Web que estão a surgir na Internet, especialmente quando lecciona uma aula virtual, é necessário compreender que há participantes que têm conhecimentos prévios sobre como fazer vídeos com inteligência artificial, imagens ou edição de texto inteligente.

Nesta altura, o facilitador tem uma excelente oportunidade para ultrapassar quaisquer lacunas de aprendizagem pessoais que possa ter, e é necessário compreender que, na era do conhecimento social, todos temos um contributo a dar em termos de processamento de dados.

Mas é necessário, à partida, ter a humildade de compreender que, tal como os sistemas de inteligência artificial estão constantemente a gerar um processo de aprendizagem muito semelhante ao nosso sistema neural, também nós devemos ter uma firme vocação para gerar um processo de auto-aprendizagem adaptado às necessidades e exigências actuais. Também nós temos de ter uma firme vocação para gerar um processo de auto-aprendizagem que se adapte às necessidades e exigências actuais.

Os sistemas de inteligência artificial assumem filosoficamente a posição de terem a capacidade de aprender com base na interação que têm com os seus utilizadores através de perguntas ou respostas, definitivamente também o facilitador da introdução ao processamento de dados tem a responsabilidade fundamental de ter a humildade necessária.

Compreender que, em algum momento, pode surgir um conhecimento do aluno ou um assunto desconhecido, mas ter a vocação para o assimilar e compreender pode colmatar as lacunas de aprendizagem e demonstrar ao corpo discente que tem uma pessoa capaz de o ouvir e de adaptar estas novas tecnologias ao processo de ensino e aprendizagem que está a ser gerido.

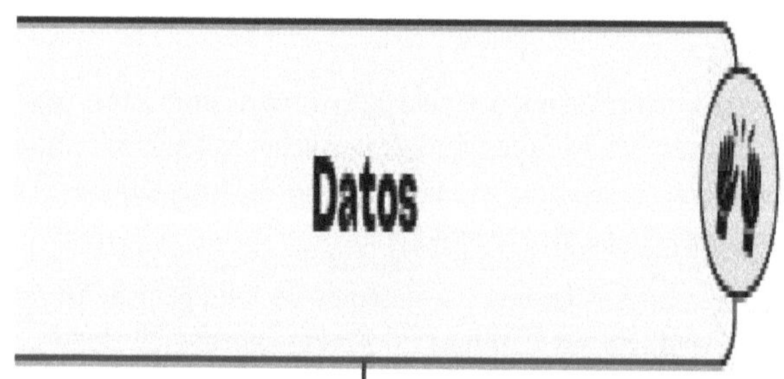

Fonte: Correa O, 2024. Dados.

Poderá chegar o momento em que seja necessário incorporar uma placa GPU num computador, no processo de ensino do processamento de dados é necessário referir que os programas de inteligência artificial estão constantemente a ser actualizados, o que implicará uma maior quantidade de armazenamento para poder integrar eficazmente essas actualizações, o que obviamente proporcionará uma maior funcionalidade ao que se pretende como resultado final.

No caso da utilização de programas que desenvolvem inteligência artificial, podemos destacar a importância de alguns deles, que basicamente ditando uma palavra ou uma frase têm a capacidade de desenvolver imagens que estão ligadas a um tema específico. Desta forma, podem ser gerados vídeos de mais de 5 minutos, onde textos que foram criados em algum momento através da inteligência artificial são combinados com imagens, obviamente em muitos destes casos o resultado final ou ficheiro multimédia pode ter um peso de mais de 650 mb de armazenamento.

O tamanho do resultado final dependerá obviamente do tipo de resolução pretendida, em alguns casos, quando se trabalha com uma resolução superior a 4k, é necessário compreender que a imagem terá uma maior definição, mas também é necessário ter mais capacidade de armazenamento local no disco rígido.

O que, por sua vez, também tem de ser entendido que, dependendo do alojamento da informação, deve ser necessária uma maior capacidade de transmissão de dados na Internet. Há certos casos em que é possível gerar conteúdos multimédia baseados em inteligência artificial tendo em conta uma baixa qualidade de imagem que é tradicionalmente conhecida neste tipo de programas como rascunho, nesse sentido a diferença em relação a um vídeo que é desenvolvido no ambiente 4K pode ser bastante considerável.

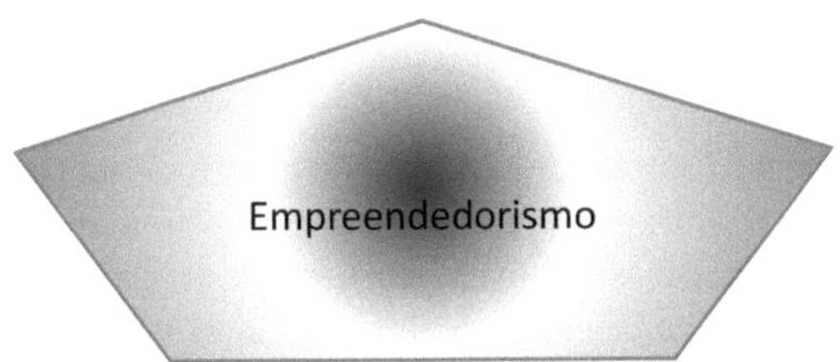

Fonte: Correa O, 2024. Empreendedorismo.

No caso da geração de um vídeo de aproximadamente 45 segundos com o formato de rascunho, é possível obter, na maioria dos casos, um resultado final que não deve exceder 140 megabytes de armazenamento. Ao gerar conteúdo baseado em inteligência artificial, é necessário indicar que muitas vezes um texto pode ser transcrito para aparecer na parte inferior do vídeo, o que afecta diretamente o processo de atração visual que é desejado, mas também o envolvimento ou a capacidade de atrair a atenção do utilizador final, que é realmente o que é sempre desejado.

Depois de ter colocado o texto escrito nas diferentes secções das imagens que fazem parte do vídeo, pode proceder à atribuição de uma voz sintética que tradicionalmente expressará o que está contido no título do vídeo. Este tipo de vozes sintéticas pode variar em termos de estilo feminino ou masculino, mas também em termos de tons muito mais graves ou mais agudos.

Esta transcrição de textos que podem ser pronunciados por vozes artificiais atingiu um ponto realmente interessante, podendo-se selecionar vozes de pessoas com diferentes sotaques que podem variar consoante a sua nacionalidade. Chegou-se mesmo a um ponto em que a velocidade de pronúncia da voz sintética que está a ser reproduzida pode ser mais rápida ou mais lenta, consoante as necessidades do público final a cativar.

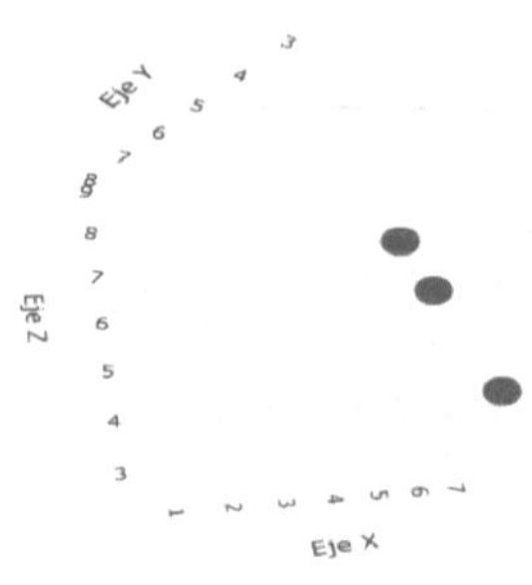

Fonte: Correa O, 2024. Gráfico tridimensional

Alguns programas de inteligência artificial quando instalados num computador podem necessitar de uma placa GPU, pois em alguns casos estes programas têm a capacidade de gerar efeitos para os desenhos das imagens que estão a ser apresentadas, um dos mais comuns e utilizados é a combinação de imagens com vídeos que parecem estar integrados e unificados como um só.

Na prática, isto significa, por exemplo, que na parte superior do vídeo é estabelecida uma imagem fixa e na parte inferior aparece um carro a circular numa autoestrada, mostrando não só os sinais de trânsito na estrada, mas também a natureza e o céu para gerar um contraste de movimento, mas também realçando a imagem superior que deve ser prioritária.

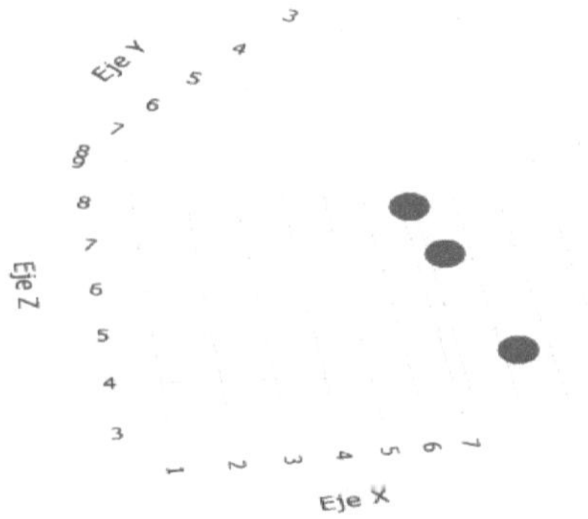

Fonte: Correa O, 2024. Gráfico tridimensional

Note-se que, atualmente, é possível efetuar uma análise estatística dos indicadores centrada no tratamento dos dados. Definitivamente, quando se fala de indicadores, deve ter-se em consideração que estes representam a capacidade de analisar o estado atual de uma situação que se pretende avaliar, mas também podem ser tidos em consideração 5 anos antes ou 5 anos depois da realidade atual.

Neste sentido, quando nos referimos a este fascinante mundo de indicadores centrados no processamento de dados, devemos ter em consideração as actuais forças tecnológicas prevalecentes, a maioria das quais baseadas na Internet, tendo em conta os sistemas de inteligência artificial que executam as suas actividades em servidores que simulam uma nuvem de informação, normalmente conhecidos como servidores em nuvem.

Obviamente, numa sociedade da informação em que as pesquisas são feitas constantemente, mas também se criam novos conhecimentos através da geração de imagens, vídeos e gráficos, é necessário dizer ou salientar neste momento que é necessário ter uma capacidade importante para poder armazenar toda essa informação que está constantemente a ser gerada.

É por isso que os chamados servidores em nuvem estão agora a desempenhar um papel importante, ao ponto de muitas empresas se dedicarem a fornecer serviços de aluguer de armazenamento, que em princípio podem variar entre 5 GB e uma possibilidade de armazenamento ilimitado, também conhecido em alguns casos como alojamento.

Perante esta situação, há vantagens e desvantagens comparativas a analisar, entre as principais vantagens está a de poder contar com uma empresa que está ativa 24 horas por dia, fornecendo um serviço de armazenamento que, através de uma palavra-passe e de um utilizador, deve armazenar uma série de informações que são carregadas simultaneamente nos referidos servidores, utilizando tradicionalmente protocolos de Internet baseados na navegação em browsers.

Este ponto deve referir-se ao autosserviço a pedido, que é a possibilidade de o utilizador final que necessita de um alojamento ou de um sítio para armazenar informações, poder carregar as suas informações em tempo real sem a necessidade de um terceiro intervir no processo. Neste sentido, é necessário salientar que ainda está em vigor o chamado protocolo de transferência de ficheiros, também conhecido desde o século XX como ftp, que é uma forma segura que, através de uma interface gráfica, permite ao utilizador ter um duplo ecrã.

O ecrã principal representa todos os ficheiros que gere no seu computador ou smartphone. O segundo ecrã centra-se no diretório remoto ou na pasta de destino onde se encontram todos os ficheiros que necessitam de cópia de segurança, quer como medida de segurança, quer como forma simples de ter a informação disponível remotamente 24 horas por dia.

Esta situação é necessária para dizer que surgiram várias empresas a nível mundial que possuem grandes capacidades de armazenamento que seguramente possuem estas placas GPU, que permitem expandir a velocidade de processamento e ligação nos processos à internet.

Obviamente, o principal requisito para este serviço é que esteja disponível para descarregar e carregar num tempo relativamente curto, ou de preferência numa questão de segundos. A vantagem deste tipo de autosserviço com servidores baseados na nuvem, é que dão ao utilizador a possibilidade de ter a informação de que necessita imediatamente, é necessário apontar o caso, por exemplo, das teses de licenciatura, muitas vezes observa-se que os participantes quando estão a fazer os diferentes capítulos do seu trabalho de investigação podem achar que são necessárias uma série de semanas de pesquisa e dedicação para transcrever no seu computador, o que obviamente apresenta uma série de vulnerabilidades, especialmente no momento em que o disco rígido do computador tem uma falha grave que não permite realmente a recuperação da informação.

Neste ponto, entra em jogo o serviço de cópia de segurança que foi obtido num servidor em nuvem, uma vez que, se o estudante tiver conseguido carregar no servidor em nuvem as actualizações diárias relacionadas com a sua tese, então, assim que tiver reparado o seu disco rígido, basta descarregá-lo para continuar a trabalhar no último capítulo que carregou no servidor de armazenamento.

Perante esta situação há quem diga que podem existir vulnerabilidades quando se contrata este tipo de serviços em nuvem numa empresa privada, pois muitas vezes existem termos de serviço em que a empresa em teoria deveria prestar um serviço 24 horas por dia, na realidade isso não acontece, pelo que podem ocorrer várias alterações incluindo vulnerabilidade na segurança dos sistemas que leva a que em algum momento mesmo uma empresa privada que presta este tipo de serviço tenha algum tipo de falha que seja temporária ou indefinida.

Por conseguinte, é necessário fazer cópias de segurança da informação em pelo menos duas unidades de armazenamento, uma vez que mesmo os sistemas com unidades de cópia de segurança internacionais em servidores internacionais podem falhar, causando perdas importantes de informação. Perante este dilema, surge obviamente a situação em que o utilizador que está a processar dados ou que está simplesmente a transcrever a sua tese de licenciatura pode considerar a possibilidade de transformar o seu computador ou portátil num sistema de armazenamento do tipo cloud, de modo a garantir o backup da informação para os seus próprios processos.

Obviamente, no contexto desta situação atual, seria necessário destacar um indicador na utilização do processamento de dados que se centra basicamente no nível de salvaguarda da informação, que na prática, em resultado de todas as vulnerabilidades acima referidas, tem de ser suportado por três fontes diferentes e independentes de armazenamento de informação.

Neste sentido, dependendo do nível de importância da informação, é possível falar de um indicador de backup de informação baseado num elevado nível de qualidade, que do ponto de vista administrativo e de gestão deve consistir na possibilidade de a instituição ou empresa que está a ser gerida poder contar efetivamente com servidores cloud privados gratuitos que permitam a disponibilidade imediata da informação chave que é gerida, e que esta seja um complemento fundamental de todos os processos que estão armazenados nos computadores da instituição.

Este indicador seria então composto por três partes fundamentais, as duas primeiras das quais se baseiam na utilização de serviços em nuvem, tanto de empresas privadas como de serviços gratuitos, que devem ser prudentemente actualizados a partir dos servidores da própria instituição. Uma vez que, atualmente, a informação tratada é fundamental e, muitas vezes, pode ser confidencial, é também necessário dispor de pessoal formado nesta área para garantir que estes processos são realizados de forma eficaz.

Não só do ponto de vista da supervisão, mas também do ponto de vista estatístico, ou seja, é necessário manter um registo da informação tratada na instituição e de tudo o que já foi salvaguardado, de forma a nunca deixar ao acaso algo que pode ser fundamental para o desenvolvimento dos processos da instituição.

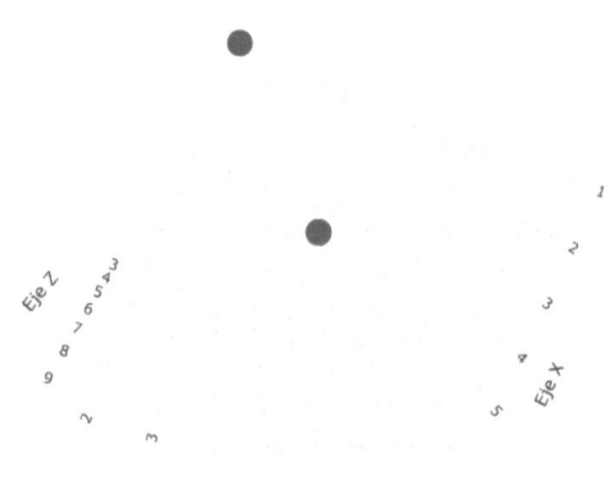

Fonte: Correa O, 2024. Indicadores.

No caso das instituições universitárias, é sabido que a atividade do docente pode centrar-se no ensino, na investigação e na extensão universitária. Mas mesmo em qualquer um destes processos é necessário manter um registo das actividades desenvolvidas, sobretudo quando se interage com os estudantes universitários. Neste sentido, na parte do ensino, é necessário gerir indicadores, que normalmente estão associados à possibilidade de avaliar o desempenho final de cada aluno, através da atribuição de uma nota final.

Neste sentido, no caso das universidades com caraterísticas nacionais que têm uma presença integral no território de um país, é necessário que o nível central estabeleça sistemas que tenham a possibilidade de se conectar em tempo real com os diferentes locais da universidade, a fim de ter um registo fiável, de preferência carregado a partir do nível de ensino.

Neste sentido, entram em jogo três factores fundamentais, baseados no núcleo principal da universidade, que deve ter as bases de dados e os servidores necessários para armazenar toda esta informação sob a forma de notas. Como segundo ponto importante, deve ter-se em consideração que o nível de controlo de estudos de cada site universitário deve ter acesso central para poder carregar a lista de participantes e abrir a possibilidade de cada professor das unidades curriculares carregar as suas notas no final do curso, a partir de casa ou de uma sala de computadores pertencente à instituição.

Em termos de gestão de indicadores do ponto de vista do tratamento de dados a nível macro nas universidades, deve ser tido em conta o tempo médio de carregamento das notas. Para tal, deveria ser mantido um registo de todos os docentes a nível nacional que conseguiram carregar as notas a tempo, o que acaba por ser uma vantagem para os estudantes, pois se alguma unidade curricular for prioritária, podem ser tomadas as devidas precauções nesse momento.

Para melhorar este indicador de eficácia no carregamento das notas, é obviamente necessário que o nível central superior da universidade gere as informações necessárias e relevantes sobre o início do carregamento das notas por nível de ensino e o fim, a data inicial em que cada professor pode carregar a nota dos seus alunos e a data final em que deve imprimir o relatório e enviá-lo para o nível central da universidade, para que todos estes dados possam ser processados e representem informações fiáveis para o bem-estar de todos os alunos e o desenvolvimento harmonioso da universidade.

A experiência de ensino indica que os participantes podem determinar quase instantaneamente, a partir de um processo de inspeção visual, se alguma unidade curricular pode ir ao encontro das suas expectativas ou interesses. Nesse sentido, normalmente analisam intuitivamente o nível de atualidade dos conteúdos que o facilitador está a ensinar e, se realmente sentirem que está de acordo com a realidade que conhecem nos seus smartphones e em todos os programas que utilizam, dão o passo seguinte, que é começar a realizar as suas actividades no tempo correspondente.

Esta motivação por parte do aluno terá impacto num indicador de extrema importância que pode também motivar o desempenho do dinamizador, neste sentido, deve ser referido o nível de permanência do aluno na atividade da unidade curricular. Para analisar este indicador, devem ser tidos em conta 100% dos alunos que começaram a visualizar ou a abordar a primeira aula, e quantos deles conseguiram terminar a última avaliação no período de tempo estimado.

Neste ponto, é necessário indicar que este indicador não pode incluir todos os alunos que decidiram inscrever-se na unidade curricular e que constam da lista, apenas os alunos da lista da turma que participaram na primeira atividade e conseguiram concluir com êxito as actividades propostas, que tradicionalmente podem ser cinco avaliações no caso de uma unidade curricular universitária, devem ser tidos em conta para a avaliação deste indicador.

É preciso dizer que muitas vezes há necessidade de atualizar os laboratórios das universidades para poder ter os programas informáticos que estão realmente na vanguarda, quando estas situações não ocorrem na experiência observa-se que há professores com grande iniciativa que investiram em tecnologia.

Seja em tablets, computadores portáteis ou computadores, e que estes recursos sejam disponibilizados aos alunos não de uma forma direta em termos de contacto físico, mas que também desenvolvam sítios Web, blogues ou aplicações que permitam aos participantes ter acesso a todo esse conhecimento que o professor conseguiu desenvolver a partir de casa, mas que representa uma inovação para todos eles.

Nesse momento estaríamos perante um dinamizador de uma unidade curricular com uma caraterística fundamental que é a capacidade de auto-aprendizagem e a motivação fundamental para disponibilizar conteúdos de qualidade aos seus alunos para que estes também se sintam altamente satisfeitos.

Definitivamente, nos processos universitários em termos de backup da informação na nuvem, tomar este indicador com base neste apoio externo, tanto privado como gratuito, mais a gestão tecnológica interna de cada universidade, é algo que permite a cada universidade ter um maior controlo sobre esta questão tão importante como a nota de cada aluno, que no final tem de levar à graduação de um profissional responsável, baseado em valores e que, com o seu conhecimento, pode contribuir para uma sociedade melhor e um planeta melhor.

Agora, como indicador do desempenho de um professor hoje, quando se observa que este profissional está a trabalhar numa sala de aula ou a partir de casa através de uma plataforma virtual ou de uma rede social, mas tem a capacidade de incorporar os seus recursos pessoais para dar maior importância ao que está a ser ensinado, então pode fazer-se referência a um facilitador que cumpre todos os valores universitários e pessoais desejados e torna-se um exemplo a seguir dentro da universidade.

E isto reflecte-se na prática quando o professor é chamado a frequentar um curso de promoção, o que normalmente pode ser uma iniciativa muito favorável para todos os professores de uma universidade, porque se lhes é dado um curso, por exemplo a nível de doutoramento, e têm de cumprir uma série de actividades para o aprovar, mais uma apresentação final de uma tese de licenciatura, então poderíamos falar da prova de fogo para os professores que se destacam.

No decurso destas actividades de aperfeiçoamento profissional através das exposições, cada um dos professores deve demonstrar como, no âmbito da sua cátedra, tem vindo a desenvolver actividades que contribuam para o desenvolvimento da sociedade, para permitir uma sociedade que inclua valores e respeito ambientais, mas também que permita a outros serem muito mais produtivos a partir da investigação que está a ser desenvolvida a partir do pólo universitário.

Este curso de promoção pode ser chamado a chamada prova de fogo, porque chega um momento em que se forma uma equipa profissional que, por sua vez, avaliará os professores, e nesse momento, obviamente, os projectos de licenciatura que cada um deles está a apresentar são tidos em consideração e, dependendo da classificação obtida, eles, por sua vez, poderão fazer uma apresentação final em que a capacidade de cada professor para incorporar os seus próprios recursos tecnológicos pode ser verdadeiramente avaliada, Trata-se de um processo de auto-formação que contribui efetivamente para o desenvolvimento da sua unidade curricular, mas sobretudo para saber divulgar utilizando as tecnologias de informação actuais, sejam elas aplicações de script, uma página web, um blogue ou simplesmente as redes sociais.

Um professor universitário cumpre todo este processo na sua avaliação para a promoção a uma escala de categoria superior, então poderíamos referir-nos a um profissional que dedicou a sua vida ao ensino, à investigação e à extensão universitária, destacando-se mesmo da sua universidade com uma projeção global, destacando-se entre muitos profissionais para demonstrar que a qualidade do serviço é o que prevalece quando a inovação está presente como núcleo fundamental e a vocação de serviço aos outros como modo de vida pessoal.

É necessário indicar que se faz referência à importância de poder contar com serviços de armazenamento em nuvem, que têm em consideração fontes externas como empresas privadas ou instituições que oferecem o serviço gratuitamente para potenciar a gestão interna que se realiza a partir do servidor principal da instituição com este duplo controlo.

Do ponto de vista do indicador de reserva de informação, devem ser cumpridas certas etapas fundamentais para permitir que, a dada altura, se um destes elementos falhar, dois outros continuem disponíveis e possam entrar em funcionamento para responder às necessidades de informação que possam ser exigidas num dado momento.

No entanto, há que ter em conta que este indicador de cópia de segurança dos dados é aceitável em princípio, mas, como em qualquer instituição, os indicadores devem continuar a enquadrar-se no âmbito da gestão da qualidade total ou da melhoria contínua, entendendo-se que, mesmo numa perspetiva prática, a gestão e a cópia de segurança dos dados é bastante aceitável.

Com a tríade acima mencionada, é preciso estar sempre atento ao conceito de independência tecnológica para dar um melhor desempenho a todos os indicadores que são aceitáveis de um ponto de vista prático, mas sempre a partir da teoria e dos sonhos que cada líder empresarial deve ter na sua mente, podem ser tornados efectivos com a utilização do desenvolvimento tecnológico implementado de forma progressiva.

Neste sentido, para impulsionar esses indicadores de armazenamento de informação que em algum momento podem ser aceitáveis, é necessário aprofundar o conceito de independência tecnológica dentro da organização, para começar a desenvolver e implementar servidores que sejam alimentados pela energia eléctrica tradicional que provém do fornecimento que todas as instituições do Estado proporcionam através das redes eléctricas, que em teoria devem funcionar sempre incorretamente, o Estado deve pensar muito mais além, deve começar a gerar essas tecnologias que contribuem para implementar novos processos energéticos dentro de cada instituição.

Deve ser realçada a integração de equipas multidisciplinares em que as pessoas que desenvolvem a área de sistemas tenham também contacto com todos aqueles que em algum momento possam vir a desenvolver algum tipo de investigação para a geração de energia eléctrica.

Neste sentido, começar a estabelecer projectos centrados no desenvolvimento de moinhos que aproveitem o vento, no desenvolvimento de motores que potenciem a produção de energia, no desenvolvimento de desenhos de bobinas de tesla que permitam a qualquer instituição sonhar com a independência energética através da investigação, é algo que, do ponto de vista da gestão da qualidade total e da liderança de qualquer instituição, deve ser tido em conta.

Obviamente que a integração de uma equipa multidisciplinar terá um papel fundamental para que todos estes projectos que estão a ser desenvolvidos na área da energia possam dar um apoio efetivo e substancial a estes processadores que têm uma abordagem do tipo cloud, para que nessa altura possam também ter a possibilidade de ter um serviço interno que armazene uma grande quantidade de informação e que seja apoiado por sua vez por fontes de geração de eletricidade tradicionais, como as que são geradas dentro da própria instituição.

Nesse sentido, pode considerar-se que a inspeção é cumprida porque se tem o que está disponível no mercado e internamente na instituição, tem-se em consideração o controlo de qualidade porque se mantêm resultados estatísticos de quanta informação foi armazenada em quantidade de gigabytes ou megabytes e quanto espaço será necessário para, pelo menos, os próximos dois anos tendo em consideração o médio prazo como algo bastante válido, por exemplo, para gerir a gestão de controlo de estudos numa universidade.

A garantia de qualidade é quando são tidos em conta todos estes manuais, que de alguma forma são registados diariamente, que são apresentados semanalmente em formas gráficas para se perceber visualmente como é que cada um dos processos está a ser realizado na área do sistema e como é que este, por sua vez, pode ser inter-relacionado com a área da investigação energética para contribuir efetivamente a longo prazo de 5 anos para a independência energética e tecnológica que todas as universidades devem ter.

Contribuir para um sonho desta envergadura através do esforço de uma equipa de profissionais multidisciplinares deverá conduzir, em última análise, à criação de uma gestão da qualidade total, em que o impulso para a liderança é sustentado pela capacidade não só de cumprir as normas internacionais de normalização de processos, mas também de gerir.

Gerir os processos a partir da visão da independência tecnológica para entender que todas essas formas de medição dos processos de gestão da informação e de controlo da informação, ficam blindadas quando se tem a força no coração para desenvolver tecnologias de energia e de servidores para ter um armazenamento adequado, que por sua vez permite que os dados sejam processados em tempo útil, neste caso para poder ter um registo, por exemplo, de algo tão importante como o nível de aprovações em cada unidade curricular, ou simplesmente o nível de alunos que conseguem concluir com sucesso uma determinada carreira profissional.

Todo este mundo de gestão de indicadores de processamento de dados torna-se fascinante quando existe a vontade de integrar esforços através de um objetivo comum que conduza à necessária capacitação tecnológica e energética, para demonstrar com exemplos que a investigação universitária levada a cabo numa determinada instituição está a dar resultados eficazes, que existe a motivação necessária para ultrapassar todos os obstáculos.

Tal como os grandes investigadores da humanidade, como Nikola Tesla, que conseguiu, a partir da sua visão, tentar transformar uma realidade para massificar a utilização da energia de forma gratuita com as suas ideias brilhantes através da utilização de uma antena que tinha um alcance global, também a liderança de qualquer instituição tem de demonstrar que tem um compromisso com a investigação para transformar a realidade e fazer com que as pessoas, tanto clientes internos como externos, se sintam inspiradas a dar o seu melhor e comecem a sonhar com uma realidade que seja óptima e que contribua para o bem-estar de todos os indivíduos que compõem a comunidade universitária.

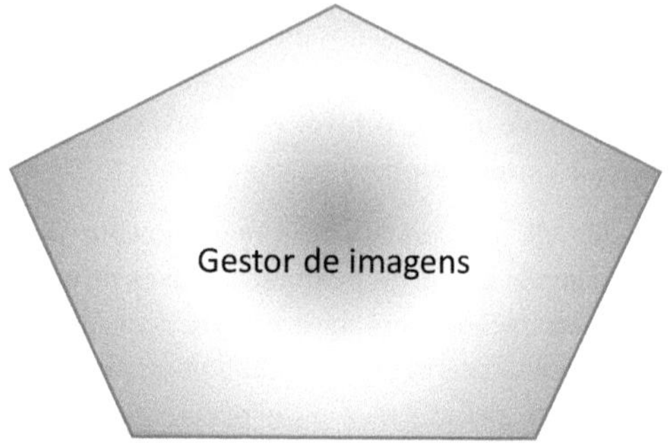

Fonte: Correa O, 2024. Gestor de imagem.

É importante assinalar que, nos processos educativos orientados para o tratamento de dados, também se utilizam gestores de imagem. Inicialmente, no início do século XXI, os servidores trabalhavam com gestores de ficheiros que representavam a oportunidade de carregar ficheiro a ficheiro todos os conteúdos suportados por gráficos que deviam ser geridos para alimentar as páginas web ou os sítios Internet que estavam a ser desenvolvidos.

É necessário salientar que na segunda década do século XXI tudo isto tem vindo a evoluir de forma vertiginosa, desde imagens que tradicionalmente tinham uma capacidade de um megabyte até imagens de alta definição que podem ultrapassar os 20 Mb.

Além disso, existem agora servidores que incorporaram não só a tecnologia de nuvem em termos de armazenamento quase infinito, mas também a possibilidade de o utilizador introduzir uma introdução ou frase que se refira a um tópico específico e obter como resultado uma imagem ou vídeo que pode ser alojado no sítio onde o utilizador está a interagir em tempo real.

Com base neste princípio, é necessário salientar que todos estes sistemas estão hoje em dia ligados à chamada aprendizagem inteligente, em que o sistema interage com um utilizador simultaneamente para gerar uma aprendizagem que é partilhada e serve de experiência para abordar novos tópicos de conhecimento.

Ora, tudo isto se baseia em dispositivos que foram desenvolvidos tendo em conta o cérebro, nomeadamente os neurónios que constituem uma parte fundamental do nosso raciocínio. Obviamente, o ser humano tornou-se o elemento fundamental a estudar para desenvolver as novas máquinas que são necessárias para responder eficazmente aos desenvolvimentos tecnológicos que estão a ser desenvolvidos atualmente.

É por isso que se faz referência à aprendizagem neural, que no caso dos computadores actuais se baseia definitivamente nos chamados processadores neurais, também conhecidos como NPUs. Neste sentido, é necessário sublinhar que a estrutura lógica deste processador tem em consideração a estrutura das relações neuronais do ser humano, mas hoje em dia, com o desenvolvimento de modelos matemáticos baseados em variáveis e vectores, isto pode ser aplicado de forma prática para resolver problemas da vida quotidiana.

Nesta construção de matrizes existem múltiplas relações que, em qualquer momento, podem gerar um erro, mas também têm a capacidade de o emendar de tal forma que, embora não demonstrem emoções como as dos seres humanos, têm plena consciência prática de que podem melhorar na medida em que interpretam novas interrupções e dão resultados a novos objectivos estabelecidos.

No caso dos seres humanos, observa-se frequentemente que existem múltiplas interações para gerar um resultado final. Isto é muito evidente no caso da investigação, quando um investigador, estando na América do Sul, pode ter contacto com vários investigadores em diferentes continentes para aplicar um inquérito que o levará a obter resultados fiáveis sobre um tema de investigação que está a ser desenvolvido a nível social ou que tem a ver com o campo científico.

É paradoxal assinalar que, uma vez que o investigador tenha obtido os seus resultados, procede à sua publicação numa revista científica de âmbito internacional, o que permitirá a geração de novos conhecimentos por parte dos profissionais que terão acesso ao artigo, mas também terão a capacidade de os relacionar com novos temas.

Desta forma, pode observar-se que atualmente se traça uma série de relações a nível global num tema de investigação, que com o passar do tempo se junta a novas investigações para recriar conhecimentos anteriores e tentar gerar novos conceitos que se adaptem à realidade tecnológica em mudança.

No caso dos processadores neuronais, estes trabalham com matrizes, que podem gerar múltiplas interações entre si para avaliar um assunto específico e, quando comparadas numa questão de segundos com outras dimensões ou variáveis, podem reconstruir um novo design de acordo com os requisitos exigidos pelo utilizador no domínio da inteligência artificial.

É necessário indicar que este tipo de processadores neuronais terá um elevado nível de aplicabilidade na próxima década, uma vez que serão incorporados em computadores portáteis, tablets e smartphones. É necessário ter em consideração um princípio básico como a navegação, que hoje em dia já permite ao utilizador ter uma síntese ou resultado gerado por uma inteligência artificial, que permite sintetizar o resultado da pesquisa de uma forma que engloba o todo global para tentar trazer ao utilizador final o nível máximo de funcionalidade para o que pretende neste momento.

É necessário compreender que, nos próximos sistemas operativos, a tendência para incorporar programas baseados em inteligência artificial será cada vez maior, pelo que certamente serão desenvolvidas tecnologias que, baseadas em placas-mãe acopladas às chamadas NPUs, permitirão ao utilizador final ter um maior benefício e aproximação a esses programas baseados em inteligência artificial que têm vindo a ultrapassar as formas tradicionais de pesquisa na Internet.

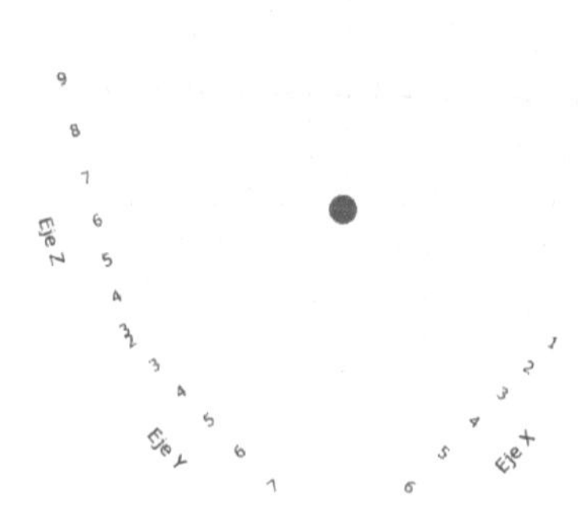

Fonte: Correa O, 2024. Indicadores de processamento de dados.

Analisando os processadores de dados em termos de motores de busca, nos próximos anos haverá certamente um aumento da utilização da inteligência artificial para obter resultados de pesquisa. A tendência é tentar dar um resumo do que se pretende encontrar, gerando uma primeira hiperligação que tenha sido o resultado da análise comparativa e da interpretação do que representaria o que um utilizador realmente pretende encontrar.

No passado, era possível observar uma classificação de 1 a 10, em que os primeiros números representavam teoricamente as melhores opções de pesquisa. No entanto, atualmente, a análise neural destes motores de pesquisa centra-se em fornecer um único resultado que seja relevante para a situação atual e que gere uma utilidade prática para o utilizador que procura um conteúdo específico.

É necessário indicar que, se se continuar a evoluir para processos baseados na inteligência artificial, os programas de edição de vídeo e imagem, seguramente incorporados nos sistemas operativos, permitirão também ao utilizador gerar uma nova imagem a partir de um texto ou frase que deseje incorporar no seu desenho, o que seguramente será também muito útil para a geração de conteúdos vídeo e multimédia em geral.

Obviamente, no contexto desta situação, uma das orientações que o utilizador deverá ter nos próximos anos ao adquirir um computador é verificar se este contém uma unidade de processamento neuronal, o que permitirá uma maior funcionalidade na utilização deste tipo de recurso.

No caso dos programas de processamento de texto, ver-se-á certamente que incluirão a opção da lista, em que já não será necessário, como antes, fazer uma prática prévia para que o programa incorpore o tom de voz na base de dados, mas tornar-se-ão certamente tão diretos que, desde o primeiro ditado, reconhecerão simplesmente a palavra que se quer revelar, terão certamente a capacidade de fazer algum tipo de sugestão em relação, por exemplo, ao conteúdo que se está a escrever, como escrevê-lo e que elementos da atualidade podem ser incorporados.

Isto não significa de modo algum que a inteligência artificial esteja a ultrapassar as capacidades dos seres humanos, mas simplesmente que todos estes processos vão chegar para que as pessoas tenham mais possibilidades no que diz respeito à sua escrita ou aos seus documentos, e continuará certamente a ser uma ferramenta adicional que as pessoas podem utilizar neste sentido para terem ideias adicionais ou abordagens actualizadas incorporadas nos processos de edição de texto que estão a executar.

Certamente que no futuro veremos programas de edição de apresentações em que o utilizador simplesmente introduz o tema a desenvolver e a inteligência artificial permitirá ao utilizador escolher uma série de imagens ou vídeos que apoiem cada uma das ideias que está a tentar captar em cada um dos diapositivos.

Definitivamente, a utilização da chamada realidade virtual será potenciada com inteligência artificial, as lentes orientadas para o desenvolvimento da atividade nestes mundos virtuais estarão seguramente ligadas a estas redes neuronais e permitirão ao utilizador selecionar diferentes mundos e estabelecer o estilo de design ou imagens que considere relevantes para o seu jogo ou processo que esteja a realizar com a utilização dos seus óculos inteligentes que estarão seguramente ligados à Internet, a redes neuronais que trabalharão de acordo com processadores NPU, para reconhecer todas as imagens apresentadas, melhorá-las e criar níveis mais avançados de acordo com as expectativas de cada utilizador.

Assim, certamente, se neste momento existe uma sensação de surpresa ou espanto, nos próximos 20 anos veremos a possibilidade de cada utilizador, com a utilização de redes neuronais, ser capaz de criar até grupos de conversação nos quais pode estabelecer temas específicos, e poderão dar instruções das imagens ou vídeos que em tempo real queiram captar para partilhar com outras pessoas, o que será sem dúvida de grande importância para estabelecer debates em tempo real nas televisões ou nas diferentes redes sociais do planeta terra, isto fará com que o interesse das pessoas em envolver-se nas tecnologias e adquirir estes novos computadores seja algo verdadeiramente fascinante a nível mundial.

É necessário compreender que, atualmente, a inteligência artificial tem a capacidade de fazer previsões matemáticas sobre possíveis situações que podem ocorrer nos próximos anos. Por exemplo, se quiser saber a possibilidade de construir uma base espacial no planeta Marte, obviamente que os sistemas neurais através de programas de inteligência artificial irão gerar como resultado imagens, vídeos e textos tendo em consideração as últimas tecnologias que estão atualmente disponíveis em termos de viagens espaciais.

 Por exemplo, a possibilidade de utilizar uma bobina de tesla para gerar um processo de viagem espacial, tendo em conta, por exemplo, os actuais avanços nos colisores de partículas, que já nos dão uma ideia de que, por volta de 2050, a realização de viagens espaciais a Marte será algo que terá fortalecido poderosamente a humanidade.

Em 2050, a geração de resultados e pesquisas baseadas em inteligência artificial será de grande utilidade no estabelecimento de bases espaciais, pois permitirá aos cientistas reconhecer em tempo real as caraterísticas de um terreno específico e como um material foi aplicado anteriormente e que resultados podem ser obtidos numa determinada situação atmosférica.

Assim, os simples procedimentos de recolher uma amostra e levá-la a um laboratório para analisar os componentes químicos ou biológicos de um determinado material serão ultrapassados à medida que a investigação incorporar o reconhecimento de imagens baseado na inteligência artificial, que, definitivamente, com as actuais bibliotecas disponíveis, será capaz de realizar rapidamente análises para determinar os componentes químicos, biológicos ou minerais de algum material que possa ser encontrado noutro planeta.

A partir desta análise, os cientistas poderão também simular o cenário no tempo e no espaço da aplicação de um determinado material em determinadas condições noutro planeta, o que contribuirá significativamente para melhorar o processo científico tradicionalmente conhecido na Terra como tentativa e erro, que, se é verdade que através de um processo de melhoria contínua se podem obter grandes resultados, também é necessário dizer que em cenários de incerteza, por vezes não é possível investir tanto tempo, mas sim exigir resultados óptimos mais rapidamente para dar resposta às necessidades que têm de ser resolvidas de imediato.

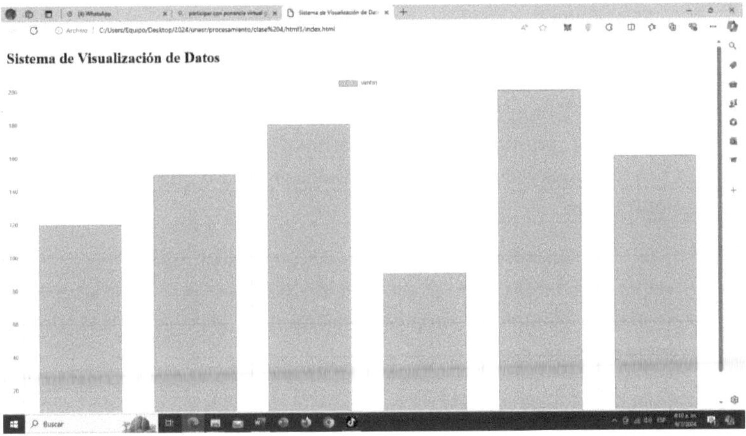

Fonte: Correa O, 2024. Visualização de dados.

Ao visualizar os dados, a inteligência artificial permite, hoje em dia, que pessoas envolvidas em tarefas domésticas comecem a gerar ciência e resultados científicos no seu campo de ação. Assim, por exemplo, uma atividade tradicional como plantar uma árvore ou mondar um quintal pode tornar-se uma experiência científica espantosa que deslumbra o mundo inteiro.

Note-se que, por exemplo, um jardineiro munido de um telemóvel com inteligência artificial e de um programa de reconhecimento de imagens pode começar a criar uma base de dados a partir de todas as imagens que recolhe das plantas do seu jardim. Uma vez recolhidas, a inteligência artificial pode indicar-lhe o nome científico de cada planta e a sua aplicação.

Assim, também se pode dizer que, com o advento da inteligência artificial, todos os negócios serão redimensionados ao ponto de se tornarem uma atividade de grande importância científica que pode ser transmitida globalmente através das redes sociais, mas também, em alguns casos, pode ser feita de uma maneira formal através da geração de um artigo científico que, quando publicado, revela, por exemplo, os minerais ou plantas encontrados num jardim e as possíveis utilizações desses recursos.

Nesta altura, todos os negócios se tornarão extremamente excitantes, uma pessoa com um jardim pode ter uma base de dados de imagens que podem ser carregadas para um servidor em nuvem, processar essas imagens para determinar as caraterísticas químicas naturais ou biológicas e, assim, ser capaz de compreender, por exemplo, a aplicação desses componentes nos produtos actuais.

Por exemplo, uma pessoa pode encontrar uma planta de aloé vera no seu jardim e, tirando-lhe uma fotografia com um programa de reconhecimento de inteligência artificial, determinará as utilizações benéficas dessa planta em termos de higiene pessoal, por exemplo. Nesse momento, tudo o que parece ser um ornamento ou um acessório no jardim pode representar uma oportunidade para estabelecer uma investigação com caraterísticas científicas para reconhecer tudo o que se tem e quais podem ser as suas utilizações.

Tradicionalmente, as universidades têm uma unidade curricular ligada ao serviço comunitário, na qual tentam muitas vezes gerar uma atividade que seja benéfica para a comunidade, como plantar plantas ou simplesmente dar uma palestra sobre ética e valores na convivência comunitária.

Agora, com a chegada da inteligência artificial, esta maravilhosa unidade curricular da universidade será certamente melhorada, porque com a utilização de tecnologia inteligente os estudantes poderão reconhecer os elementos existentes num determinado espaço, quais as suas propriedades e possíveis utilizações que os levarão a melhorar a sua comunidade.

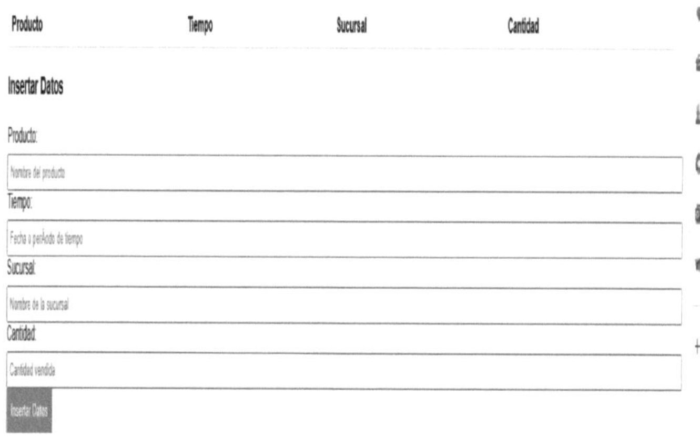

Fonte: Correa O, 2024. Base de dados em 3 dimensões.

No domínio da medicina, começarão certamente a surgir novos sistemas que, através de uma fotografia focada num determinado órgão do corpo humano, poderão dar uma orientação sobre a sua situação, de modo a que cheguem também possíveis soluções para que os profissionais de saúde possam dispor de ferramentas sofisticadas que lhes permitam efetuar os diagnósticos adequados e, consequentemente, gerar as soluções necessárias para cada doente.

O reconhecimento de imagens, o reconhecimento de objectos e a identificação facial estão definitivamente na sua infância, mas certamente estes avanços que estão a ser desenvolvidos atualmente serão as bases fundamentais para novos programas que podem ser aplicados em diferentes campos da ciência.

Por exemplo, no caso do liquidificador, é provável que no futuro consigam tirar uma fotografia do rotor e determinar o estado atual do aparelho, e a inteligência artificial irá provavelmente gerar uma recomendação ao técnico para tentar melhorar o aparelho, por exemplo, para que possa ser utilizado com mais potência.

A consequência disto é que as pessoas e as empresas que desenvolvem produtos terão de basear as suas qualidades na qualidade, porque os produtos com o máximo desempenho e eficiência serão certamente recomendados pelos sistemas de inteligência artificial e, por conseguinte, serão os mais vendidos a nível global.

Deste modo, verifica-se que as pessoas ou as empresas que se especializaram num determinado domínio podem, através da qualidade e da utilização comprovada do seu produto, atingir um nível global e garantir assim a venda dos seus produtos a novos mercados todos os dias.

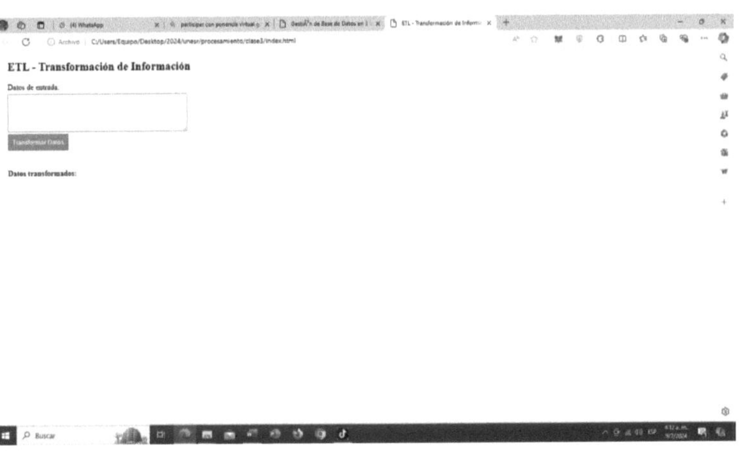

Fonte: Correa O, 2024. Transformação da informação.

Em áreas como a decoração de ambientes, por exemplo, ao dispor de um smartphone e de um programa de reconhecimento de fotografias, a pessoa encarregada de melhorar um ambiente ou de o tornar mais confortável tirando uma fotografia poderá certamente analisá-lo na perspetiva da inteligência artificial, Por exemplo, poderá certamente obter resultados com base no mapa Bagua de visões ancestrais como o feng shui, que hoje em dia foram incorporadas em novos ambientes, e cuja visão é a harmonização de um determinado local através dos cinco elementos da natureza estabelecidos na filosofia e visão de vida do feng shui.

Certamente que estes sistemas reconhecerão as nove zonas do mapa Bagua, poderão dar uma recomendação de algum elemento que permita harmonizar, por exemplo, a zona do amor numa determinada divisão da casa, ou simplesmente se for necessário melhorar a economia, certamente que a inteligência artificial recomendará na zona 1 do mapa do quarto de dormir a divisão a incorporar, por exemplo, o elemento água para tornar a economia mais fluida numa determinada casa, de acordo com essa filosofia ancestral chinesa.

Por todas estas razões, é evidente que a maioria das profissões será melhorada com a incorporação deste tipo de sistemas tecnológicos, obviamente, à medida que os processadores NPU forem melhorados, os processos e os resultados serão maiores para melhor fundamentar cada uma das actividades que se deseja expressar, portanto, no melhor dos casos, será possível ver quais as profissões tradicionais que podem começar a apostar na melhoria contínua.

Tendo não só claro a importância da inspeção, obtendo resultados de prováveis utilizações em diferentes países do mundo de forma a ter uma visão gráfica ou numérica da aplicação de um procedimento, fazendo uma análise histórica em torno de uma determinada situação de forma a dizer que cada pessoa que desenvolva um ofício implementando inteligência artificial com processadores NPU e reconhecimento de imagem num primeiro momento pode ser um líder dentro da sua comunidade que irá definitivamente levar o seu processo ou atividade produtiva a outro nível superior.

Fonte: Correa O, 2024. Rede social.

Definitivamente, uma das caraterísticas da implementação da inteligência artificial nas redes sociais atualmente, com o desenvolvimento do reconhecimento facial, é a consciência cronológica do indivíduo. Hoje em dia, por exemplo, as pessoas, ao focarem uma câmara no seu rosto, podem recuar 10 ou 15 anos no tempo, até à sua adolescência ou infância.

Para poder recordar tempos passados, mas também para ter a possibilidade, no caso de não ter as fotografias desses tempos, de recriar artificialmente esse passado individual importante que pode projetar em muitos casos através das redes sociais para o partilhar com os seus amigos ou familiares.

Mas também é relevante salientar no caso das redes sociais que já no âmbito do reconhecimento facial existe a possibilidade de utilizar uma webcam que permite ao indivíduo projetar a sua imagem no futuro tal como se verá nos anos vindouros, obviamente que a inteligência artificial através do reconhecimento facial começa a adicionar elementos biológicos e fisiológicos à pessoa para que esta aparente ter uma determinada idade num futuro próximo ou distante.

Em muitas redes sociais é mesmo possível ver a possibilidade de uma pessoa, através de um programa de inteligência artificial, utilizando o reconhecimento facial, poder determinar caraterísticas emocionais particulares que está a viver num determinado momento, como a felicidade ou o entusiasmo, por exemplo.

Assim, ao mencionar todos estes aspectos, começamos a ver que a inteligência artificial, quando utilizada adequadamente, começa a gerar processos de autoconsciência no indivíduo que lhe permitem gerar esse reconhecimento, essa projeção no futuro do que sou e do que quero vir a ser.

Fonte: Correa O, 2024. Transacções financeiras.

Definitivamente, na medida em que nos próximos computadores e smartphones integrem processadores NPU, será possível observar a análise em tempo real dos diferentes mercados do mundo, de modo a poder efetuar uma análise global com base no seu desempenho nos últimos cinco anos e no que se pode esperar desse desempenho nos próximos 5 anos.

Neste ponto, os sistemas de inteligência artificial, incluindo os processadores neurais mais avançados, enfrentarão definitivamente uma prova de fogo, porque mesmo que consigam fazer uma análise exaustiva das variações das diferentes acções ou do valor das empresas nos anos anteriores, ser-lhes-á muito difícil prever o comportamento futuro, porque estão envolvidas novas variáveis como o comportamento humano, as alterações climáticas e a liderança pessoal de cada indivíduo, que por sua vez se baseia em factores genéticos, pessoais, sociais e culturais.

Assim, a liderança das pessoas continuará a ser, pelo menos durante os próximos 20 anos, um fator fundamental na gestão das empresas e das instituições, que pode ser reforçada pela utilização destas ferramentas neuronais de apoio à tomada de decisões num determinado momento.

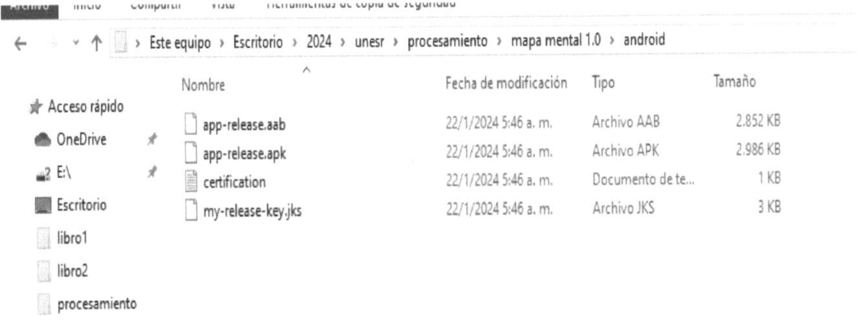

Fonte: Correa O, 2024. Desenvolvimento de APK.

Com a implementação da inteligência artificial nos próximos anos, irá certamente aumentar o desenvolvimento de aplicações que irão incorporar certas funções fundamentais centradas em determinados produtos novos. Por exemplo, os carros inteligentes, que certamente terão melhores processadores para identificar rotas, definir distâncias e, assim, através de um melhor reconhecimento de voz, ser capazes de compreender melhor as instruções que as pessoas lhes queiram ditar.

No caso dos automóveis, chegarão certamente aplicações que lhes permitirão fazer uma análise exaustiva das situações climáticas numa determinada área geográfica, para poderem conduzir autonomamente para uma estrada que corresponda a uma melhor condição climatérica para garantir a segurança de todas as pessoas que viajam neste tipo de automóvel automatizado.

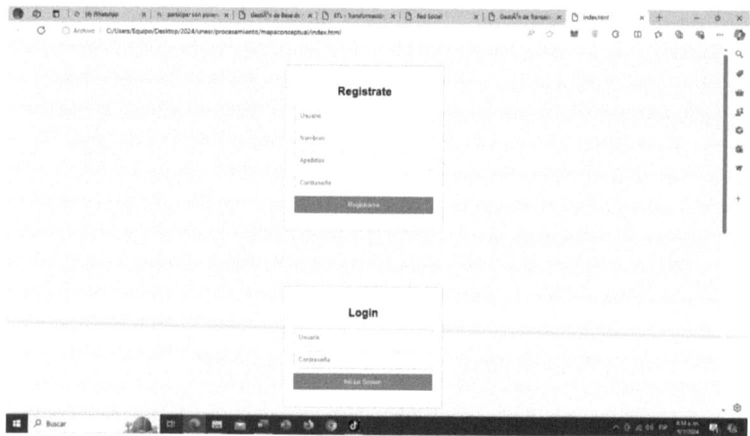

Fonte: Correa O, 2024. Registo e acesso.

Nas aplicações tradicionais, existe uma relação de um para um entre o que se pretende e o que se obtém. O advento dos processadores GPU aumentou a capacidade de processamento para desenvolver programas baseados em inteligência artificial que representam novas ferramentas para as pessoas na sua vida quotidiana.

Com a incorporação dos processadores NPU, as possibilidades aumentam porque uma instrução pode gerar 100 respostas possíveis e essas acções podem ser interpretadas 100 vezes mais, o que nos permite, num curto espaço de tempo, analisar mais de 1000 possibilidades em torno de um tema específico.

Neste sentido, pode-se perceber que a inteligência artificial tem a capacidade de aprender com base nos processos que estão a ocorrer, mas também permitirá que os humanos tenham uma melhor compreensão dos processos que está a estudar e aumentará as possibilidades de soluções sugeridas para um tópico específico.

Nas questões relacionadas com o acesso a servidores internacionais baseados na nuvem, as opções de segurança vão certamente aumentar, não só tendo em conta o tipo de dispositivo a partir do qual se tenta aceder, o endereço IP ou a região, o sistema operativo, mas também o tom de voz e a velocidade de escrita e expressão de cada pessoa.

Este tipo de reconhecimento de padrões é agora visível nos motores de busca quando uma pessoa está a transcrever informações e os bots dos motores de busca detectam que há um aumento da velocidade de transmissão e geram imediatamente o resultado de que o utilizador tem de dar uma resposta ou premir um botão para provar que é realmente um ser humano.

Como as máquinas são frequentemente utilizadas para realizar processos automatizados, em alguns casos, avaliar a velocidade de transcrição hoje em dia, com a utilização da Internet, é algo que se demonstra em tempo real e pode ser um indicador importante para os sistemas de segurança dos motores de busca, de modo a garantir a utilização correta dos sistemas a nível global.

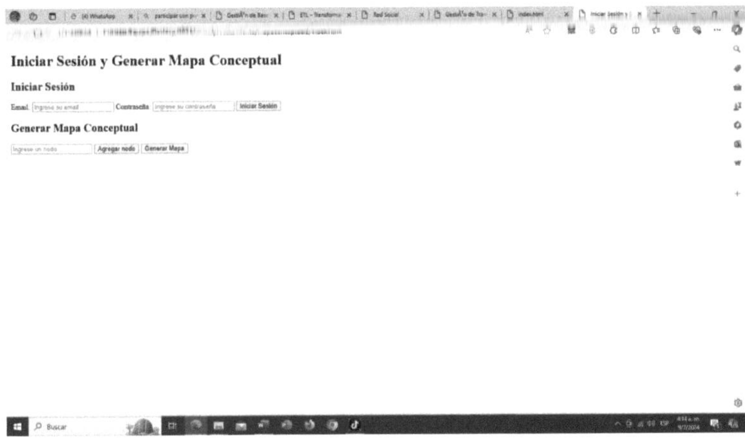

Fonte: Correa O, 2024. Entrar.

A maioria dos sistemas de IA está atualmente a passar por um processo de melhoria contínua e, em alguns casos, cada empresa define as suas políticas e procedimentos sobre o que é aceitável, o que não é aceitável e o que não é aceitável.

Durante este processo, os utilizadores introduzem muitas vezes sintaxes que podem colidir com as políticas internas da empresa, gerando assim um erro, mas também têm uma forma integrada de comunicar com o pessoal para esclarecer quaisquer dúvidas ou erros que possam surgir na aplicação de um sistema inteligente.

Na geração de processos ligados ao tratamento de dados, a nível educativo, estabelece-se sempre um mapa concetual relacionado com um determinado tema. Hoje em dia, com a utilização de sistemas de inteligência artificial, esta atividade tornou-se mais poderosa, uma vez que se podem ditar instruções para gerar uma imagem relacionada com o conteúdo educativo a transmitir num determinado momento.

Fonte: Correa O, 2024. Processamento de dados.

No caso de se fazer referência às NPUs, é óbvio que se trata de imagens ligadas a processos neuronais de aprendizagem inteligente, no sentido em que o aluno que está a realizar a atividade pode ver graficamente o que está a tentar desenvolver a partir da visão concetual, a fim de compreender melhor a situação.

A partir da visão gráfica, tente então construir uma nova conceção ou uma nova visão, tendo em conta o que o aluno sabe que é verdade, a fim de o traduzir diretamente para o seu mapa concetual. Neste ponto, é necessário ter em conta que existem nomes de empresas que se assemelham à atividade que um aluno pode estar à procura.

Isto pode ser observado especialmente no campo da geração de eletricidade, que tem criado casos em que as empresas têm tomado o nome dos autores das invenções e muitas vezes os resultados gerados pelos gráficos passam a ser o logótipo de uma empresa, obviamente que nesse momento é necessário fazer uma clarificação ao sistema de geração de imagens de inteligência artificial para que se concentre nas componentes teóricas do que se pretende obter.

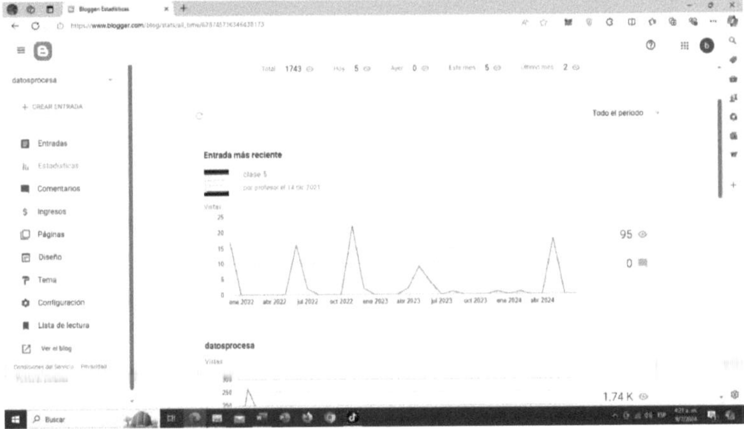

Fonte: https://datosprocesa.blogspot.com/ Bilhetes.

Em termos de processamento de dados, todos os dias os processos de ensino e aprendizagem se baseiam em sistemas multimédia e, neste sentido, os processadores permitirão aos participantes de uma determinada unidade curricular obter um resumo textual do que um vídeo diz, quer na língua que está a ser expressa, quer noutra língua específica, para que cada pessoa, através da utilização da inteligência artificial, possa obter uma espécie de ditado de cada palavra que um autor está a relacionar especificamente e que muitas vezes precisa de ser lida para reafirmar com força a compreensão do conteúdo que foi relacionado.

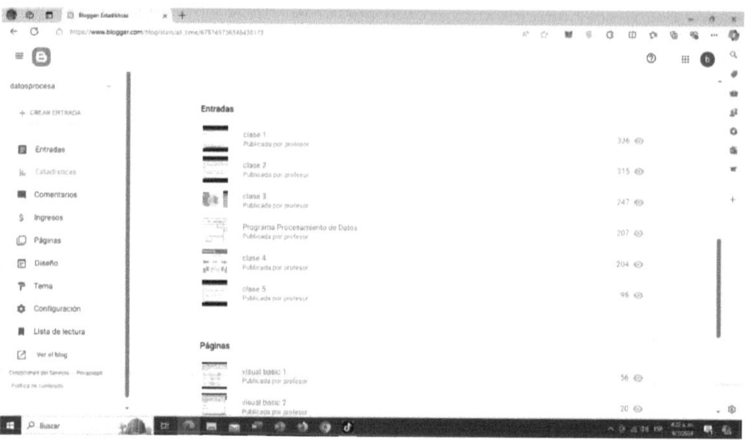

Fonte: https://datosprocesa.blogspot.com/ Classes.

Em termos de tratamento de dados é importante perceber que a inteligência artificial vai ganhar cada vez mais cenários a cada dia que passa, terá certamente a possibilidade de mostrar a muitas pessoas não só as suas vantagens mas também como funciona internamente, como se organiza este algoritmo através de matrizes e gráficos tridimensionais, para que as pessoas tomem consciência das possibilidades matriciais que tem para construir um novo amor um novo elemento a partir da exponenciação num segundo de 100 elementos para 4, por exemplo, para poder ter uma previsão do tempo a levar durante 5 anos tendo um crescimento de 10% na indústria transformadora, elementos que à partida podem parecer hipotéticos mas que na realidade permitem ter argumentos sólidos para, por exemplo, recomendar a plantação de 1000 árvores em cada novo processo produtivo ou comunidade que se estabeleça, assumindo a importância que isso tem para o desenvolvimento natural dos seres humanos na terra.

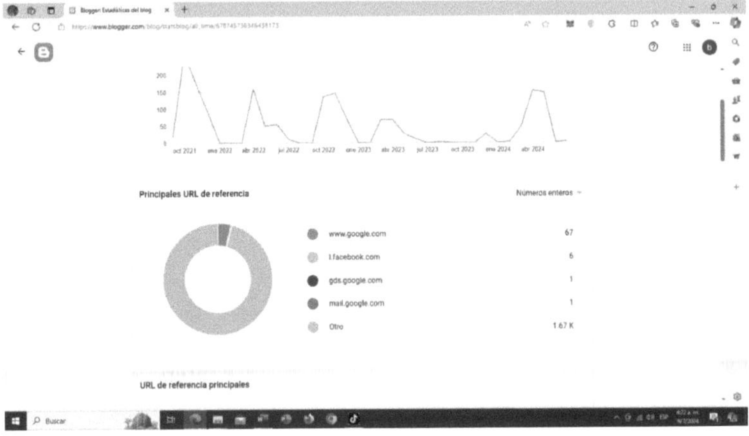

Fonte: https://datosprocesa.blogspot.com/ URL de referência.

Definitivamente, ao ministrar um curso de processamento de dados, é necessário entender a importância de incorporar o uso de processadores NPU nos processos educacionais. Por exemplo, é possível criar estudos de caso em que quatro novos empreendimentos são incorporados numa comunidade e, assim, determinar uma projeção de indicadores ao longo dos próximos três meses de como poderá ser a evolução cognitiva de cada um dos empreendimentos dos participantes na sua interação com o cliente.

Quais poderão ser as próximas estratégias de incorporação de tecnologia e aplicações para garantir a qualidade dos serviços prestados. Todas estas actividades propostas como exercícios práticos contribuirão para a afirmação da liderança de gestão e da abordagem empreendedora que todos os estudantes universitários devem ter, uma vez que a história recente do século XXI mostrou que são eles que têm a capacidade de se capacitarem com a tecnologia e de a levarem a uma escala global para transformar os processos globais que envolvem a humanidade.

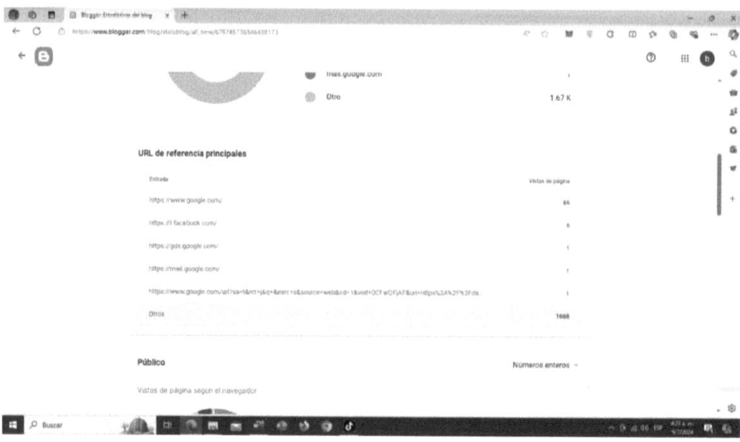

Fonte: https://datosprocesa.blogspot.com/ URL das principais referências.

É obviamente necessário que todos os dinamizadores da unidade curricular ligada ao processamento de dados possuam fundamentos básicos em termos de processadores CPU, GPU e NPU, de forma a compreenderem que podem gerar novos cenários tendo em consideração aspectos do passado e a sua influência no futuro, mas acima de tudo, tendo consciência de que a atividade universitária é fundamental para o desenvolvimento da sociedade.

Compreender que a pessoa que tem hoje um smartphone na mão tem a capacidade de descobrir cientificamente a realidade que a rodeia, mas também de a transformar positivamente tendo em conta as recomendações úteis da inteligência artificial, mas ao mesmo tempo sensibilizar para a preservação do ambiente natural que hoje sustenta a vida na Terra.

Se é verdade que no decurso destas frases transcritas se demonstrou que o ser humano foi a base para o desenvolvimento de novos processos tecnológicos neurais, então é extremamente necessário compreender que a preservação dos ambientes naturais actuais permitirá à humanidade continuar a gerar ciência para desenvolver processos tecnológicos muito mais avançados do que os que possui atualmente.

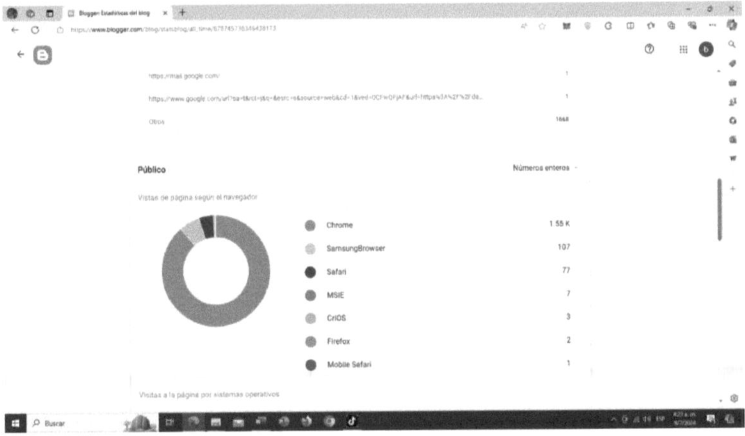

Fonte: https://datosprocesa.blogspot.com/ Browsers.

Numa unidade de processamento de dados onde simplesmente a utilização da inteligência artificial, tentada em processadores NPU, estabelece definitivamente actividades ligadas à árvore, aos processos naturais, e a sustentabilidade em cada processo produtivo pode definitivamente ser algo que pode ser representado quer num mapa mental quer num gráfico que cada aluno pode captar para compreender que andar de mãos dadas com a natureza, pode servir de inspiração para estabelecer novos modelos tecnológicos que contribuam para ter um impacto global e, portanto, tornar muito mais produtivo.

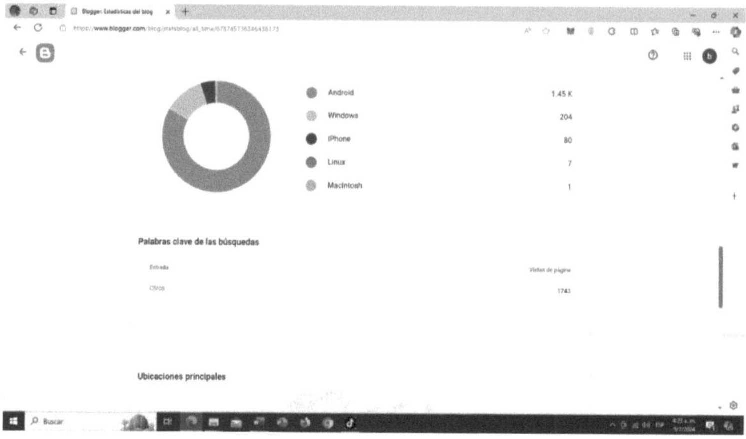

Fonte: https://datosprocesa.blogspot.com/ Sistemas operativos.

Com a utilização da inteligência artificial no âmbito do processamento de dados, podem ser estabelecidos exercícios práticos tendo em conta os empreendimentos de cada aluno, por isso, se um aluno decidiu criar transístores para serem incorporados numa placa GPU, deve também estabelecer como objetivo a forma como este dispositivo tecnológico pode reforçar os ecossistemas locais onde está a gerar o seu empreendimento, a fim de também se tornar plenamente consciente dos processos naturais que ocorrem na natureza, desde os mais simples, como a germinação de uma semente, até aos mais complexos, como a evaporação, a condensação e a precipitação que ocorrem na natureza.

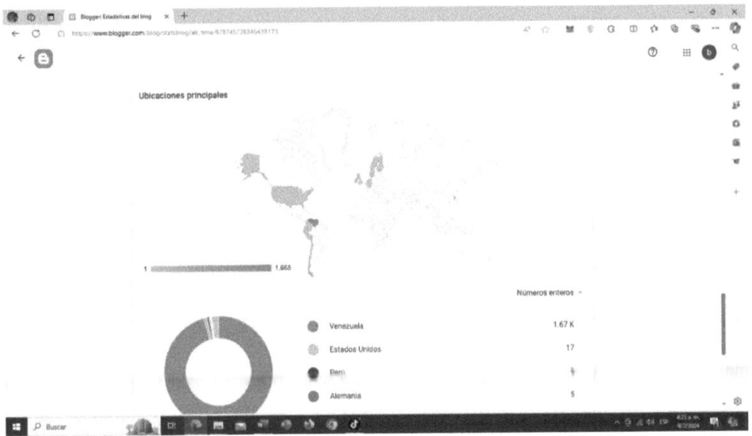

Fonte: https://datosprocesa.blogspot.com/ Países.

Com o uso da inteligência artificial, será possível estabelecer planos de plantio para um determinado número de árvores, o que gerará estabilidade climática numa determinada área. Este tipo de atividade também pode contribuir inicialmente como exemplo nas áreas da matemática, para que os alunos possam ter uma compreensão plena do espaço e do tempo, gerando assim actividades que sejam sustentáveis ao longo dos anos e que gerem rentabilidade, que é afinal o indicador que se estabelece globalmente como a base fundamental de qualquer empresa.

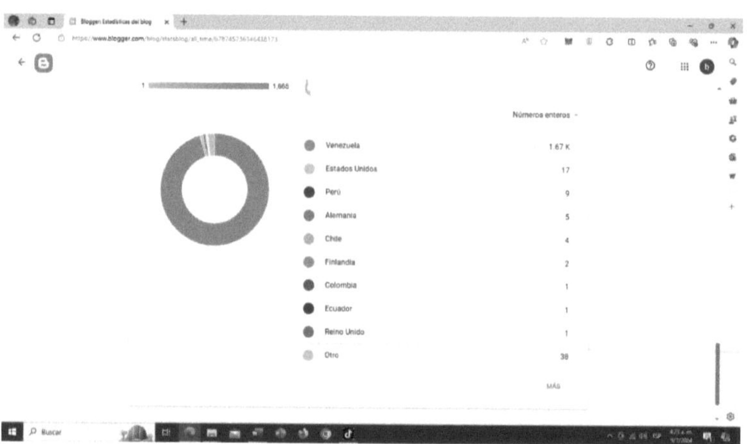

Fonte: https://datosprocesa.blogspot.com/ Países.

Definitivamente, uma das grandes lições a tirar de todos estes avanços baseados em processadores neuronais é que vale mesmo a pena dedicar tempo à matemática que está presente na natureza e como tudo isto cria um equilíbrio para a manutenção da vida na Terra.

Todas estas mudanças dão esperança para a reafirmação de todos os profissionais nas suas diversas carreiras, o caso dos professores abre a porta para o estabelecimento de novos modelos de ensino que tenham em consideração as mudanças tecnológicas, que levam o participante a tomar consciência da sua realidade e da oportunidade que tem ao dispor de tecnologia inteligente para a transformar de forma sustentável, o que se torna a verdadeira riqueza para toda a humanidade em geral.

Referências bibliográficas.

Agenda 2030 e os Objectivos de Desenvolvimento Sustentável. Uma oportunidade para a América Latina e as Caraíbas. Publicação das Nações Unidas. Nações Unidas, fevereiro de 2017. Todos os direitos reservados. Impresso em Santiago.LC/G.2681/Rev.1. S.17-00110

Arias, F. (2012) *El Proyecto de Investigación Introducción a la metodología científica.* Editorial Episteme 2012 6 edição. Disponível em formato eletrónico (PDF) no site: https://ebevidencia.com/wp-content/uploads/2014/12/EL-PROYECTO-DE-INVESTIGACI%C3%93N-6ta-Ed.-FIDIAS-G.-ARIAS.pdf [Acedido em 2019, 14 de novembro].

Cimeira Mundial sobre a Sociedade da Informação. Genebra 2003 Túnis 2005. Documento WSIS-03/GENEVA/4-E 12 de maio de 2004

Escobar, J. (2020) *Hard and soft technologies and the environmental consequences of their uses.* Disponível em: https://webcache.googleusercontent.com/search?q=cache:NGHtsQEbWkgJ:h ttps://liceopolitecnicoc52.jimdofree.com/app/download/6181688666/TECNOL OGIAS%2BDURAS%2BY%2BTECNOLOGIAS%2BBLANDAS_ABCE.pdf%3 Ft%3D1596483126%26mobile%3D1+&cd=1&hl=en-419&ct=clnk&gl=ve

Silva, Francisco (2010) Software libre y educación un estudio de casos en la enseñanza obligatoria en Cataluña. Universidade de Barcelona, Faculdade de Pedagogia. Disponível em formato eletrónico (PDF) em: diposit.ub.edu/dspace/bitstream/2445/43114/2/Tesis_FACS.pdf

Zálvez (2017) Análise de recursos TIC OpenSource para apoiar alunos com NN.EE. no ambiente de metodologias PBL. PROGRAMA DE DOUTORAMENTO INOVAÇÃO E INVESTIGAÇÃO EM DIDÁCTICA FACULDADE DE EDUCAÇÃO UNED TESE DE DOUTORAMENTO. Disponível em formato eletrónico (PDF) http://e-spacio.uned.es/fez/eserv/tesisuned:ED-Pg-InoInvDid-Jpzalvez/ZALVEZ_RICO_JuanPedro_Tesis.pdf [Acedido em 2023, abril 20] [Acedido em 2023, abril 20].

Zanotti Agustin (2013) El software libre y el campo de producción cordobés: DOCTORADO EN ESTUDIOS SOCIALES DE AMÉRICA LATINA. UNIVERSIDAD NACIONAL DE CÓRDOBA CENTRO DE ESTUDIOS AVANZADOS. Disponível em formato eletrónico (PDF) https://rdu.unc.edu.ar/bitstream/handle/11086/1408/El%20software%20libre%2 0y%20el%20campo%20de%20producci%c3%b3n%20cordob%c3%a9s%20.... pdf [Acedido em 2023, abril 20] [Consulta em 2023, abril 20].

yes

I want morebooks!

Buy your books fast and straightforward online - at one of world's fastest growing online book stores! Environmentally sound due to Print-on-Demand technologies.

Buy your books online at
www.morebooks.shop

Compre os seus livros mais rápido e diretamente na internet, em uma das livrarias on-line com o maior crescimento no mundo! Produção que protege o meio ambiente através das tecnologias de impressão sob demanda.

Compre os seus livros on-line em
www.morebooks.shop

Printed by Books on Demand GmbH, Norderstedt / Germany